LA ALQUIMIA DEL CORAZÓN

La consciencia del momento presente
a través de la integración emocional

Michael Brown

LA ALQUIMIA
DEL CORAZÓN

La consciencia del momento presente
a través de la integración emocional

EDICIONES OBELISCO

Si este libro le ha interesado y desea que le mantengamos informado
de nuestras publicaciones, escríbanos indicándonos qué temas son de su interés
(Astrología, Autoayuda, Ciencias Ocultas, Artes Marciales, Naturismo,
Espiritualidad, Tradición...) y gustosamente le complaceremos.

Puede consultar nuestro catálogo en www.edicionesobelisco.com

Colección Nueva consciencia
LA ALQUIMIA DEL CORAZÓN
Michael Brown

1.ª edición: septiembre de 2010

Título original: *Alchemy of the heart*

Traducción: *Verónica d'Ornellas*
Corrección: *Sara Moreno*
Maquetación: *Mariana Muñoz Oviedo*
Diseño de cubierta: *Marta Rovira*

© 2008, Michael Brown.
Original en lengua inglesa publicado por Namasté Publishing
(Reservados todos los derechos)
© 2010, Ediciones Obelisco, S. L.
(Reservados los derechos para la presente edición)

Edita: Ediciones Obelisco, S. L.
Pere IV, 78 (Edif. Pedro IV) 3.ª planta, 5.ª puerta
08005 Barcelona - España
Tel. 93 309 85 25 - Fax 93 309 85 23
E-mail: info@edicionesobelisco.com

Paracas, 59 C1275AFA Buenos Aires - Argentina
Tel. (541-14) 305 06 33 - Fax (541-14) 304 78 20

ISBN: 978-84-9777-666-0
Depósito Legal: B-26.066-2010

Printed in Spain

Impreso en España en los talleres gráficos de Romanyà/Valls, S.A.
Verdaguer, 1 - 08786 Capellades (Barcelona)

AGRADECIMIENTOS

A CONSTANCE KELLOUGH – por tener una visión hermosa y tierna que hace que tantas cosas sean posibles para tantas personas. Gracias, gracias, gracias. Al doctor PAUL BAHDER – por la franja de aterrizaje y despegue, por la creación de The Presence Portal y por nuestra maravillosa amistad. A KATHY CHOLOD – por hacer correr la voz, por dirigir el tráfico, por su infinito entusiasmo, por aguantar a este malhumorado Leo ¡y por tener la paciencia de una santa! ¿Cómo habríamos hecho esto sin ti? A ELIZABETH McMANUS – por los cafés con leche, la risa espontánea, por hacer que todo siguiera siendo auténtico, las cosas y eso, y por todo lo no se ha dicho que fluye entre ello. A TERESA BAHDER – por creer tan sinceramente en EL PROCESO DE PRESENCIA y por mantenerse fiel al corazón de «la obra». A NORA MORAN – por el trabajo «detrás de bastidores» en la sala de máquinas que pone una expresión en el rostro de este trabajo. A DIANE Y LUDOVICO IEZZO – por recogerme, por dejarme en mi destino, y por la diversión y la comida a lo largo del camino. A DAVID ROBERT ORD – por compartir tu sabiduría, tu comprensión de las cosas y tu orientación, y por haber empapado este texto con tu experto toque editorial: gracias. A TODOS LOS JARDINEROS DEL CORAZÓN: que nuestra cosecha sea auténtica, que tenga integridad y que nos lleve a un encuentro cada vez más profundo e íntimo con nuestra humanidad.

PRÓLOGO

Cuando el huracán Katrina golpeó la costa del Golfo en el otoño del 2005, mi vida cambió irrevocablemente. Llevaba casi dieciséis años viviendo en el área de Nueva Orleans. Durante varios años viví en la ciudad, donde mi antigua casa quedó sumergida, aunque en el momento del huracán me encontraba viviendo en la costa norte de Nueva Orleans, donde los vientos soplaron produciendo un impacto devastador, pero nos libramos de la inundación.

Aunque el huracán en sí mismo no me hizo ningún daño, la caída emocional fue terrible. Como muchas personas en la región, me sentía incapaz de salir de un estado involuntario de conmoción física, el cual había afectado a todo mi organismo.

Había empezado a creer que iba tener que vivir con esa abrumadora ansiedad y con esa sensación de pavor físico durante el resto de mi vida.

Entonces, en el otoño del 2006, Constance Kellough, presidenta de Namaste Publishing, me envió un ejemplar del libro *The Presence Process – A Healing Journey into Present Moment Awareness**, de Michael Brown. Al echarle una ojeada al libro, me fijé que el Proceso incluía una forma de respiración, la cual Michael llama «respiración conectada».

Dejé el libro diciéndome: «¡Esto no es para mí!».

Nunca me había interesado la meditación, ni tampoco las técnicas de respiración. No es que no las hubiera probado en alguna ocasión, sino que simplemente no habían funcionado para mí. Además, algunas personas conocidas que meditaban con regulari-

---

* *El proceso de la presencia*, Ediciones Obelisco, Barcelona, 2008.

dad no parecían haber experimentado ninguna trasformación con esa práctica, en algunos casos ni siquiera a pesar de que llevaban más de treinta años meditando.

Pero ya había pasado todo un año desde Katrina y yo seguía sintiendo un desesperado dolor emocional. Nada de lo que había probado estaba funcionando, de modo que, unas semanas después de haber abandonado *El proceso de la presencia*, volví a agarrar el libro y empecé a leer.

Dos semanas después de haberme embarcado en el Proceso de la Presencia, el sol apareció entre las nubes de mi vida, mi ansiedad se disipó, mi cuerpo salió de la conmoción y la penumbra de esta región desapareció.

Resultó ser que *El proceso de la presencia* no era una meditación, y que la respiración era la forma más natural de respirar: ¡la que mis perros y mis gatos usan todo el tiempo! Así que ahora yo también la utilizo en mi vida cotidiana.

Me he encontrado con algunas personas que, como yo, echaron una ojeada a *El proceso de la presencia* y llegaron a la conclusión de que no era adecuado para ellas, o que no estaban preparadas para iniciar un proceso de ese tipo en ese momento en sus vidas. Sin embargo, las ideas que aparecen en *El proceso de la presencia* están entre las más valiosas y trasformadoras con las que me he encontrado jamás. Son sumamente vitales, y nuestro mundo está tan desesperadamente necesitado, que comprender esas ideas simplemente no es algo que ninguno de nosotros pueda rechazar. No hay nada que se parezca a este material en ningún libro, en ninguna parte. Absolutamente todo el mundo lo necesita.

Así que me encantó enterarme de que Michael Brown estaba escribiendo un segundo libro. Y, puesto que ahora soy director editorial de Namaste Publishing, he tenido el privilegio de ser su editor para esta nueva obra.

A algunos, *La alquimia del corazón* les abrirá un camino hacia *El proceso de la presencia*. En un lenguaje sencillo y directo, Michael nos presenta una revelación en este libro que revoluciona la forma en que vemos y respondemos a cada uno de los hechos que nos ocurren en nuestra vida cotidiana. Cuando comprendemos lo que está diciendo sobre la naturaleza de la realidad, ni un solo aspecto de nuestro día puede escapar a la trasformación.

Al mismo tiempo, en muchos sentidos, *La alquimia del corazón* va mucho más allá que *El proceso de la presencia*. He realizado el Proceso tres veces, familiarizándome íntimamente con todos sus aspectos, y encuentro que esta nueva obra es simplemente alucinante.

Muchas de las personas que han oído hablar a Michael en persona han deseado tener su última serie de enseñanzas en forma impresa, porque las encontraron sumamente fascinantes, llenas de sentido y muy profundas. *La alquimia del corazón* logra esto; pero también nos proporciona muchas más revelaciones de las que Michael es capaz de trasmitir en sus enseñanzas en vivo.

Editar *La alquimia del corazón* ha trasformado la calidad de cada día, cada hora y cada minuto de mi vida. También puede hacerlo para ti. Es, simplemente, un libro magnífico y mágico. Te insto a que lo conviertas en tu prioridad de lectura. Y espero que tu vida se trasforme tan inmensamente como se ha trasformado la mía.

DAVID ROBERT ORD

Autor de *Your Forgotten Self Mirrored in Jesus the Christ*
y *Lessons in Loving–A Journey into the Heart.*

INTRODUCCIÓN

Después de escribir *El proceso de la presencia*, mi viaje se trasformó: dejé de facilitar personalmente a individuos mediante este procedimiento y comencé a compartir este trabajo dentro del contexto de los encuentros con grupos de personas. A partir de ahí, surgió una manera de presentar este trabajo que comunica claramente el papel del corazón en nuestra búsqueda de autenticidad, integridad e intimidad.

Puesto que no puedo hacer esta presentación individualmente para todas las personas que se sienten atraídas hacia este trabajo, y porque *me doy cuenta* de la importancia de la comprensión mediante la percepción y la integración a la que invita, he decidido hacerla accesible a través de *La alquimia del corazón*.

Al igual que *El proceso de la presencia*, este libro es una experiencia de percepción diseñada deliberadamente, que nos permite trasformar la calidad de nuestra experiencia humana, revelándonos el papel alquímico de nuestro corazón. La experiencia de percepción que se inicia inspira un movimiento de nuestra conciencia desde un comportamiento revolucionario hasta un comportamiento evolucionario en el que no hay esfuerzo.

Al continuar comportándonos como si pudiéramos trasformar verdaderamente nuestras circunstancias mediante la imposición de nuestra voluntad al mundo exterior, entramos constantemente en un comportamiento revolucionario. La misma palabra «revolucionario» revela el desenlace: inevitablemente, entramos en una *revolución* y acabamos en unas circunstancias similares a aquéllas de las que estamos intentando liberarnos, y a menudo peores.

La aproximación revolucionaria nace de una mentalidad que intenta liberarse con la misma aproximación que percibe como la causa de su supresión. Al recurrir a esta mentalidad reactiva, un revolucionario siempre se convierte en un opresor. Esto, a su vez, planta las semillas de toda una nueva cosecha de revolucionarios.

La alquimia del corazón nos invita a considerar la opción de un comportamiento evolucionario, de una aproximación a la modificación de la calidad de nuestra experiencia humana que no nos lleve de vuelta a las circunstancias experienciales de las que queremos liberarnos, sino que nos lleve más allá.

El comportamiento *evolucionario* trasforma la experiencia utilizando un medio completamente distinto de aquello que percibimos como el método de opresión. Convertirnos en evolucionarios es *darnos cuenta de que uno mismo es el único opresor que debe ser destronado*.

Al adoptar un enfoque dirigido hacia nuestro interior para modificar las experiencias externas, las personas evolucionarias navegan por sus experiencias de acuerdo con un paradigma completamente nuevo. Trasmitir el cambio de percepción que hace posible el comportamiento evolucionario es el objetivo central de este libro.

De acuerdo con la resonancia de la no-interferencia, *La alquimia del corazón* no nos pide que entremos en ningún camino nuevo, ni tampoco que modifiquemos nuestra lealtad al camino por el que actualmente transitamos. En lugar de eso, nos da poder para usar cada fibra de nuestra experiencia de vida acumulada como un medio para integrar nuestras circunstancias actuales de una forma que revele un claro punto de continuación.

A diferencia de *El proceso de la presencia*, *La alquimia del corazón* no requiere de un procedimiento sistemático, excepto el de leer, para que uno pueda recoger los beneficios de los frutos que hay en el texto. Su intención es inspirar sin esfuerzo, desafiar, desencadenar y cuestionar nuestra experiencia humana de una forma que invite a la verificación, no a través del debate o la discusión, sino a través de la trasformación consciente de nuestra forma de percibir el propósito de nuestra presencia en la tierra, animándonos luego a entrar en el maravilloso juego de la vida de acuerdo con ello.

OJOS DE VERDAD

1

El forastero estaba sentado tranquilamente en medio de la marea siempre cambiante del mercado matinal, tan tranquilamente que un niño, cuyo corazón estaba en paz, se fijó en él.

—Hola –saludó el niño.

—Buenos días –dijo el forastero, sonriendo amablemente.

—¿De dónde eres? –preguntó el niño, sentándose junto a él.

—¿Qué te hace pensar que soy de otro lugar? –inquirió el forastero con un brillo en la mirada.

—Hay una luz diferente que brilla en ti –replicó el niño.

—¿Puedes ver esa luz? –preguntó el forastero, curioso.

—No con mis ojos –explicó el niño hablando bajito, como si estuviera compartiendo un secreto–, pero la siento.

—Ah –dijo el forastero, bajando también la voz–, la ves con tu corazón.

—Si –dijo el niño.

Se quedaron en silencio durante lo que pareció una eternidad. Entonces el niño alargó la mano y la colocó suavemente sobre el antebrazo del forastero.

—¿Puedes llevarme ahí?

—No –dijo el forastero–, pero al estar aquí sentado y disfrutar tranquilamente de esta hermosa mañana, te estoy señalando el camino. Y, en cualquier caso –rió, colocando su brazo alrededor del hombro del niño–, no se puede llevar a alguien a un lugar en el que ya está.

Autenticidad

Imagina que nuestra experiencia de vida se desarrolla dentro de un restaurante.

Cuando empezamos a despertar a la posibilidad de que nuestra vida pueda ser algo más que la suposición mundana de que estamos aquí meramente para ganarnos la vida, somos como unos clientes insatisfechos en el restaurante. No apreciamos la comida que nos están sirviendo porque no es lo que habíamos pedido. No apreciamos la compañía que tenemos porque la gente, en su mayor parte, nos irrita. Pasamos gran parte de nuestro tiempo lamentándonos de nuestra mala situación y luego quejándonos al camarero, a pesar de que todos sabemos que no es él quien cocina.

La mala calidad de nuestra experiencia puede provocar que nos hagamos una importante pregunta: «¿Por qué siempre me pasa esto?».

Cuando examinamos nuestra experiencia de vida y nos preguntamos sinceramente, «¿Por qué?», iniciamos una búsqueda de *autenticidad*.

El significado de autenticidad se revela en la fonética de la palabra. *Auténtico* contiene fonéticamente a la palabra *autor*. Al preguntarnos, «¿Por qué?», en realidad estamos preguntando: «¿Quién es el *autor* de la experiencia que estoy teniendo?».

Esta investigación nos despierta a la presencia de los mecanismos físicos, mentales y emocionales que fabrican nuestra experiencia humana. Ser conscientes de estos mecanismos nos da el poder para ser los autores de nuestro encuentro con la vida.

La culminación de nuestra búsqueda de autenticidad es un despertar a la conciencia de *lo que somos* en lugar de *lo que pensamos que se supone que debemos ser*.

Integridad

Entramos en la siguiente fase de nuestro viaje cuando nos levantamos de nuestra silla en el restaurante y descubrimos la cocina.

Ésa es una parte emocionante, embriagadora y sensual de la experiencia.

Cuando entramos en la cocina, nos damos cuenta de que podemos preparar nuestras propias comidas y de que hay todo tipo de ingredientes, utensilios y electrodomésticos con los que podemos interactuar.

Ésta es la parte del viaje en la que entramos con entusiasmo en prácticas como el yoga y la meditación, en la que exploramos herramientas como los cristales y las cartas de tarot, y nos sumergimos en procedimientos energéticos como el proceso afirmativo y la limpieza emocional.

Ésta es la fase del viaje que es seductora. Puesto que aprendemos muchas cosas con gran rapidez, sentimos que estamos logrando grandes cosas.

Esta experiencia de estar en la cocina es atractiva también porque encontramos atractiva la idea de convertirnos en chefs. En consecuencia, invariablemente, nos quedamos atascados en la cocina durante mucho, mucho, mucho tiempo.

Afortunadamente, estar en la cocina preparando la comida es también una fase de nuestro viaje interior que inicia una búsqueda de *integridad*, y tener integridad es lo que, a la larga, nos libera del confinamiento en lo que puede llegar a ser, fácilmente, un callejón sin salida.

El término integridad, en el contexto de este viaje interior, hace referencia a la solidez de la estructura de nuestra experiencia humana. Si un edificio no tiene integridad, una desviación de los patrones meteorológicos normales podría hacer que se derrumbara. La solidez de la integridad de un edificio depende del uso de materiales de construcción adecuados para las aplicaciones apropiadas.

Enfocamos la integridad con autenticidad dentro de la experiencia de la cocina cuando tenemos una conciencia práctica de qué ingredientes, utensilios y electrodomésticos se utilizan para cocinar unos manjares específicos. En términos de nuestra experiencia humana momento a momento, aprendemos la función exacta de los componentes físicos, mentales y emocionales que entran en la creación de esta experiencia.

La culminación de nuestra búsqueda de integridad está en *irradiar la visión lúcida de nuestro corazón* en lugar de *intentar realizar el sueño de otra persona*.

Intimidad

Otra fase de nuestro viaje interior comienza cuando nos damos cuenta en nuestro corazón de que la comida preparada debe desaparecer por completo en la buena conversación y la nutrición requerida para poder realizar su propósito.

En otras palabras, la vida es algo más que vivir en la cocina. Si no nos damos cuenta de esto, inevitablemente, coceremos demasiado los alimentos o dejaremos que se queden afuera y se estropeen.

Es al darnos cuenta de esto cuando finalmente salimos de la cocina y regresamos a la misma silla del restaurante en la que estábamos sentados cuando empezamos a hacernos preguntas sobre la fuente de nuestro malestar.

Una vez que hemos regresado a nuestra silla, es posible que a los demás les parezca que nada ha cambiado. Nuestro estado exterior puede parecer muy semejante al de la persona que preguntó: «¿Por qué siempre me pasa esto?».

Es verdad que todavía estamos inmersos en la misma experiencia humana que estábamos teniendo antes de que comenzara nuestro viaje interior. No obstante, ahora respondemos de una manera distinta a todos nuestros encuentros. Estamos sentados relajados, disfrutando de nuestra comida, hablando cómodamente con los demás y tratando al camarero con respeto y gratitud. Estamos llenos de conciencia de la magnificencia de nuestra humanidad. Apreciamos el regalo de la vida. Todas nuestras experiencias físicas, mentales y emocionales se convierten ahora en un medio para entrar en el dulce abrazo de la *intimidad*.

El significado de *intimacy** en el contexto de este viaje que se está desarrollando se revela en la fonética de la palabra: *into-me-and-see.*** Entramos en la experiencia de intimidad cuando *cada encuentro que tenemos se presenta como una oportunidad divinamente guiada para ver más profundamente en nuestro interior.*

La culminación de nuestra búsqueda de intimidad es cuando *honramos nuestra experiencia de vida tal como es,* en lugar de *comportarnos como si se supusiera que debiera ser distinta.*

El portal

Al igual que la autenticidad y la integridad, la intimidad no es un destino. Es un portal experiencial para entrar en una realidad muy obvia pero, al mismo tiempo, profundamente oculta.

De la misma manera que la plenitud de la experiencia llamada integridad nos espera más allá de la búsqueda de autenticidad, y de la misma manera que la plenitud de la experiencia llamada intimidad nos espera más allá de la búsqueda de integridad, así también hay una experiencia que nos espera más allá del dulce abrazo de la intimidad.

La intimidad nos hace despertar a lo que es realmente la experiencia de la *vida.* Sin embargo, esta afirmación no es más que unas palabras impresas en una página. La experiencia a la que nos lleva la intimidad no puede ser comunicada en palabras, ni se puede llegar a ella mediante una contemplación mental. Esto se debe a que el cuerpo mental no tiene un vocabulario suficientemente competente como para comunicar los parámetros sentidos de esta experiencia. El cuerpo mental es el atributo que usamos para encontrarnos conceptualmente con nuestras experiencias energéticas y para convertir nuestras interacciones con el mundo

---

* *Intimacy* es la palabra en inglés que significa «intimidad». (*N de la T.*)

** *Into-me-and-see* significa algo así como «entrar en mí y ver». (*N de la T.*)

físico en formas de pensamiento. Su lenguaje es el pensamiento, el análisis y la comprensión. *Cuando se trata del mundo de los sentimientos, el cuerpo mental es impotente.*

A lo largo de este texto nos referiremos a la experiencia que se abre para nosotros a través del portal de la intimidad como *entrar en una conversación con lo inefable.*

La ceguera

Un forastero que va caminando por una calle tarde por la noche se encuentra con un hombre que está a cuatro patas debajo de una farola. Obviamente, está buscando algo.

—¿Ha perdido algo? –le pregunta el forastero.

—Sí, he perdido una llave importante.

—¿Puedo ayudarlo en su búsqueda?

—Gracias, se lo agradezco.

Juntos, buscan durante un rato. El área iluminada por la farola es tan pequeña que sólo les toma unos minutos revisarla a fondo.

—¿Está seguro de que perdió la llave aquí? –le pregunta el forastero al hombre.

—No, no la perdí aquí. La perdí en mi casa.

—Entonces, ¿por qué la está buscando afuera, debajo de esta farola?

—Porque en mi casa me han cortado la luz.

Nosotros también estamos en un aprieto en el que nos hemos quedado sin luz en casa y, por lo tanto, buscamos convenientemente lo que está en nuestro interior ahí donde no lo podemos encontrar: fuera de nosotros.

Todos estamos buscando, de la misma manera, respuestas a nuestras preguntas más profundas. Buscamos con los medios de percepción que están a nuestro alcance actualmente: examinando los diversos aspectos materiales de nuestra experiencia física, realizando una investigación mental mediante nuestros pensamientos y examinando los pensamientos de los demás.

Preguntas que no están hechas para ser respondidas

Hay preguntas que no están hechas para ser respondidas. Sólo deben ser formuladas.

Si *nosotros* intentamos responder a ese tipo de preguntas lo hacemos, invariablemente, utilizando el proceso de pensar y, por lo tanto, solamente recibimos respuestas en forma de conceptos mentales. Si nos conformamos con los conceptos mentales, eso quiere decir que estamos satisfechos con la *información* y no con el *conocimiento*. La información es una forma de pensamiento que sólo tiene un componente mental. El conocimiento, por otro lado, contiene un componente físico, mental *y* emocional integrado.

Cuando *no respondemos a una pregunta mentalmente*, sino que, en lugar de eso, *elegimos permanecer en la resonancia de la pregunta*, la respuesta se despliega orgánicamente dentro de nuestra vida como una experiencia física, mental y emocional integrada.

Es posible que esta aproximación a la formulación de preguntas no sea apropiada para todas las preguntas. Pero es una herramienta sumamente eficaz cuando se trata de anclar deliberadamente el conocimiento experiencial de lo inefable en nuestra experiencia cotidiana.

Cuanto más profundas son nuestras preguntas, más profunda es la experiencia de vida que iniciamos cuando no las respondemos con conceptos mentales. Saber cómo hacer preguntas sin responderlas es el arte de la revelación iniciadora.

Podemos preguntar: «¿Qué pregunta importante puedo hacer?». Hacer una pregunta como ésta sin responderla mentalmente abre los parámetros de nuestra experiencia personal al horizonte de posibilidades ilimitadas.

Tres preguntas

Hay tres preguntas que, cuando son formuladas con autenticidad, hacen que recuperemos en nuestro interior la conciencia de una realidad que ha estado oculta.

Dentro de este texto llamaremos a esa realidad «lo inefable». La llamamos deliberadamente lo inefable para comunicar que no puede ser comprendida mediante una aproximación puramente mental. Una vez que recuperamos la conciencia de esta realidad en nuestro interior, su vibración irradia hacia todos los aspectos de nuestra experiencia de vida.

Las tres preguntas son:

¿QUÉ SOY? No quién soy. Preguntar *quién* nos abre a respuestas impulsadas por la personalidad. *Quién* tiene que ver con conceptos y rasgos de comportamiento, sin ninguna conciencia de nuestra auténtica esencia.

¿QUÉ ES DIOS PARA NOSOTROS? Una vez más, es mejor no usar la palabra *quién*. Cuando Dios es un *quién*, estamos moviéndonos dentro de sistemas de creencias con base cultural.

¿DÓNDE ESTOY AHORA? Ésta es una pregunta que rara vez hacemos porque damos por sentado que sabemos dónde estamos, de la misma manera que tendemos a dar por sentado, erróneamente, que somos la personalidad conceptual y de comportamiento que hemos fabricado; la identidad externa con la que interactúa todo el mundo en nuestra vida. También tendemos a dar por sentado, erróneamente, que Dios es la identidad movida por la personalidad que nos han enseñado en nuestras religiones, una identidad fabricada dentro de las limitaciones de nuestro intelecto humano. Asimismo, podemos dar por sentado, erróneamente, *que donde estamos en este momento* está definido por la dirección física o la ubicación geográfica de nuestras circunstancias de vida. Pero, ¿realmente es así?

El motivo por el cual es posible que nos cueste responder a estas tres preguntas es que automáticamente intentamos dar una respuesta física o mental. Sin embargo, ni los aspectos físicos ni los aspectos mentales de nuestra experiencia humana tienen la capacidad de comprender una pregunta cuya respuesta sólo está disponible como *una trasmisión vibracional.*

Por lo tanto, a menos que reactivemos nuestra capacidad de interactuar directamente con nuestra esencia vibracional, seguiremos permaneceremos ciegos a esas respuestas, incluso cuando estén más cerca de nosotros que el aire que respiramos.

Solamente abandonando conscientemente nuestra ceguera podemos iniciar el viaje del despertar, que nos llevará desde el vivir inconscientemente hacia una conversación consciente con lo inefable.

EL CAMINO DE LA CONCIENCIA

2

Nuestra conciencia viaja por un camino energético intencional para entrar en nuestra experiencia de vida en la tierra. Su existencia está justo delante de nuestras narices, pero se mantiene oculta hasta que se hace visible para nosotros. A lo largo de este libro llamaremos a esto el Camino de la Conciencia.

Cuando nos damos cuenta de que este camino energético es completamente visible para nosotros en todo momento (aunque completamente oculto para nuestra conciencia hasta que ponemos nuestra atención en él) es posible que nos preguntemos qué otra cosa relacionada con nuestra experiencia humana está oculta a plena vista.

Este Camino de la Conciencia es más claramente visible en el desarrollo inicial de un bebé recién nacido. Primero, el niño es un ser emocional; solamente puede expresar emociones. Luego, cuando aprende a usar sus emociones para comunicarse, gradualmente entra en la conciencia mental. A continuación, se vuelve lo bastante consciente como para alargar la mano, agarrar algo y mantener el contacto físico.

Aunque los atributos emocionales, mentales y físicos del niño se desarrollan simultáneamente, hay un camino energético sistemático por el que viaja intencionalmente la conciencia del niño para tener un encuentro pleno con la vida en esta tierra.

El camino va desde lo emocional, a lo mental, a lo físico.

El Ciclo de Siete Años

El Camino de la Conciencia, de lo emocional a lo mental a lo físico, por el que viajamos y seguimos viajando para entrar en nuestra experiencia de vida actual en la tierra y para poder manifestarla, se puede percibir claramente también en lo que podríamos llamar el Ciclo de Siete Años.

EMOCIONAL: Durante los primeros siete años de nuestra vida, nos llaman niños pequeños. Durante la infancia, está aceptado que somos mayormente seres emocionales. Somos, literalmente, energía espontáneamente en movimiento.

MENTAL: Aproximadamente a la edad de siete años, dejamos la infancia y entonces nos llaman niños y niñas mayores. Como niños y niñas mayores, entramos en una institución educativa que pretende dirigir nuestra conciencia hacia el cuerpo mental. Nos enseñan a leer, a escribir, a contar y a comunicarnos eficazmente mediante un grupo de letras y números señalados.

FÍSICO: Después de otros siete años, aproximadamente a la edad de catorce años, ya no nos llaman niños y niñas; ahora somos adolescentes. Como adolescentes, experimentamos una trasformación fisiológica dentro de nuestro cuerpo físico, lo cual marca la entrada en una experiencia físicamente ampliada. A esta trasformación física la llamamos pubertad. Después de la pubertad, hay un claro cambio en nuestra relación con nuestra experiencia física. Esto es evidente, por ejemplo, en nuestra relación con nuestra sexualidad. Antes de la pubertad, la forma que tiene un niño o una niña de ver a dos adultos besándose es «¡ajjjj!». Después, hay una profunda atracción hacia esa experiencia.

Otros siete años más tarde, cumplimos veintiún años y ya no nos ven como adolescentes. Nos llaman adultos jóvenes. Para conmemorar nuestra llegada a la edad adulta y la terminación de este viaje cíclico de la infancia (emocional) a la adolescencia (mental) a la edad adulta (físico), normalmente la celebramos. La celebramos porque en ese momento se ha terminado una parte de nuestro viaje... pero, simultáneamente, está comenzando otro aspecto de él.

El pasadizo correcto

Ha habido períodos en la tierra en los que éramos sumamente conscientes del Camino de la Conciencia y del Ciclo de Siete Años.

Durante esos períodos, las comunidades se dedicaban a fondo a ayudar a sus miembros a transitar por el Camino de la Conciencia, para que se mantuviera la integridad de su conciencia mientras pasaban por los tres primeros Ciclos de Siete Años. Esta asistencia consciente a lo largo del Camino de la Conciencia tenía lugar cuando estábamos alineados con nuestra naturaleza indígena; cuando aceptábamos al reino de la naturaleza como nuestro maestro.

Es beneficioso mirar en nuestro interior y llevar nuestra naturaleza indígena otra vez al frente de nuestra percepción consciente, no con la intención de regresar a ella, sino para integrarla. Al integrar nuestra naturaleza indígena, podemos dejar nuestro apego al maestro exterior, la forma, para entrar en contacto con el maestro interior, la vibración. Realizar este cambio consciente y experiencialmente es el salto que nos revela el propósito evolutivo de la humanidad.

Podemos integrar sin esfuerzo nuestra naturaleza indígena mediante la narración de un cuento. Podemos contar un cuento que nos recuerde el pasadizo correcto para que nuestra conciencia avance mientras entra en una experiencia de esta tierra. Este pasaje correcto también puede ser llamado un rito de iniciación. *La alquimia del corazón* es un rito de iniciación.

La Ceremonia de Poner Nombre

Vamos a contar la historia de un rito de iniciación tal como podemos experimentarlo cuando aceptamos conscientemente nuestra naturaleza indígena. Ésta es la historia de la Ceremonia de Poner Nombre.

La palabra «ceremony» en el lenguaje fonético contiene en su interior la frase camuflada *see a memory*.*

Cuando nace un bebé en una comunidad que acepta la conciencia indígena, no se le da cualquier nombre. Por ejemplo, no se le pone un nombre elegido físicamente, en reconocimiento de un linaje ancestral. Tampoco se le pone un nombre elegido mentalmente, escogiéndolo de una lista en un libro. Tampoco se le pone un nombre elegido emocionalmente, eligiendo un nombre que pretenda gratificar la importancia que sienten que tienen algunos miembros de la familia.

Las comunidades que aceptan su conciencia indígena se dan cuenta de que la *entrada* de un bebé a la vida es, íntimamente, una parte de *cada* una de las facetas de la vida a las que está entrando. El momento de su nacimiento, por lo tanto, no se percibe como algo separado de las condiciones sociales que se están desarrollando, del movimiento de las estaciones o del arco iris de rostros siempre cambiante que cualquier aspecto del cosmos expresa en ese preciso instante. El bebé, por lo tanto, recibe un nombre que refleja la personalidad del momento en el que sale del vientre materno y entra en la vida en la tierra. Entonces, el bebé puede ser llamado Viento Extraño, o Muchos Cuervos, o Primer Rocío.

La mayoría de las veces, este niño crece supervisado por todos los adultos. Desde su nacimiento, se le permite ser energía-en-movimiento espontánea, para que pueda explorar e integrar completamente los parámetros de su cuerpo emocional. Además, al observar detenidamente la forma en que se mueve la energía del niño o de la niña, los ancianos son capaces de reconocer si él o ella es el retorno de alguien a quien conocen.

Cuando cumple siete años y se convierte en un niño mayor, entonces se lleva a cabo otra ceremonia para ponerle un nombre.

---

* En inglés, *ceremony* significa «ceremonia», y *see a memory* significa «ver un recuerdo». (*N de la T.*)

En esta ocasión, se le da un nombre que refleja lo que se ha visto sobre la forma en que su energía se ha movido por la tierra en sus primeros siete años de vida. Es posible que reciba un nombre como Agua que Fluye, o Dulce Tortuga, o Viento en la Hierba.

Llegado este momento, los ancianos comienzan a aplicar su responsabilidad como maestros de los niños. En una comunidad de este tipo, es tarea de los padres alimentar y proteger colectivamente a todos los niños, pero se acepta que los adultos jóvenes que tienen hijos todavía no tienen la sabiduría necesaria para educar a los niños. En las comunidades indígenas, por lo tanto, la sabiduría fluye de anciano a nieto.

Una vez que se le ha dado un nombre nuevo al niño o niña de siete años, ya no se le permite correr libremente alrededor de la fogata por la noche. Se le indica que debe sentarse y prestar atención a las historias que cuentan los ancianos. Estas historias activan su entrada consciente al desarrollo y la integración del cuerpo mental.

A la edad de catorce años, se considera que los chicos y chicas están preparados para acercarse a la edad adulta, y este momento es señalado con otra ceremonia en la que se les pone un nombre. Durante esta ocasión, el nombre dado refleja lo que los ancianos perciben sobre la capacidad mental del muchacho o la muchacha. Por lo tanto, los chicos reciben nombres como Mira con Suavidad, o Escucha como la Montaña, o Sabe como un Águila.

Llegado este punto, se imparte una enseñanza a los jóvenes adultos emergentes y se les otorgan responsabilidades físicas dentro de la comunidad, lo cual sirve para que entren con confianza en el pasaje a través del cual dejarán de ser chicos y chicas para convertirse en hombres y mujeres competentes y responsables. Muchas de las tareas incluyen habilidades generales para la vida, pero además, a cada persona se le dan responsabilidades cuidadosamente escogidas de acuerdo con su capacidad mental única.

Para señalar la transición de una la actividad mental central a una mayor participación física dentro de su comunidad, se impacta en la conciencia de sus cuerpos. Los muchachos pasan por unas experiencias ceremoniales en las que sus cuerpos físicos se marcan con pintura, con perforaciones y con tatuajes.

A los veintiún años, los hombres y mujeres jóvenes reciben un último nombre: el nombre que llevarán consigo a lo largo de su viaje hacia la ancianidad. Este nombre refleja la forma en que se mueven a través de sus experiencias físicas, mentales y emocionales. El nombre puede ser cualquier cosa, desde Corre como Venado, hasta Caballo de Guerra Salvaje, o Ríe como el Humo.

La búsqueda de la visión

Durante la última ceremonia de imposición de un nombre, la persona es separada por completo de la presencia de la comunidad y entra en una experiencia llamada la búsqueda de la visión. Entre los diversos ritos de iniciación incluidos en esta ceremonia, se llevan a cabo dos iniciaciones en particular:

LA CONCIENCIA DEL INICIADO SE EXPANDE MÁS ALLÁ DE LOS CONFINES DE LA PERCEPCIÓN DE SU EXPERIENCIA MUNDANA. Esto se realiza mediante alguna práctica física, como bailar rítmicamente durante toda la noche, o ingerir plantas medicinales administradas por un anciano que es el curandero. El propósito de esta iniciación es dar, a través de una experiencia directa, la *misión de trance* a la persona de que no sólo es un miembro de una comunidad, sino también un participante esencial en todo el cosmos.

SE LLEVA AL INICIADO A UNA ZONA AISLADA EN LA QUE SE DIBUJA UN CÍRCULO ALREDEDOR DE ÉL EN EL SUELO, O SE CONSTRUYE UTILIZANDO PIEDRA. LUEGO SE LE INDICA QUE DEBE PERMANECER DENTRO DE LOS CONFINES DE DICHO CÍRCULO HASTA QUE LO VENGAN A BUSCAR. Los iniciados se quedan solos durante cuatro o cinco días, contando sólo con agua para beber. El propósito de esta iniciación es permitir al individuo que tenga una experiencia directa con su propia energía; un encuentro con su propio estado del ser vibracional. Dado que nuestro propósito es un estado del ser y no algo que hacemos, este encuentro energético con la esencia vibracional de nuestro propio ser facilita la obtención de una visión del propósito en la vida de la persona.

Cuando el individuo es reintroducido en la comunidad, llega teniendo conciencia de su propósito dentro de dicha comunidad, simultáneamente entretejida con una conciencia de su conexión esencial con todo el cosmos. Esta visión deliberadamente buscada y establecida promueve un profundo sentido de responsabilidad personal y basada en la comunidad. Esta iniciación a la edad adulta es también la base sobre la cual todas las demás experiencias maduran de una forma que prepara al individuo para que pueda navegar por su experiencia de vida hacia la ancianidad.

Conscientemente, o no

La naturaleza de nuestra experiencia humana es que continuamos haciendo lo que se supone que debemos hacer, tanto si somos conscientes de que lo estamos haciendo, como si no lo somos.

Los adolescentes saben inconscientemente que se supone que deben trasformar o marcar sus cuerpos físicos de alguna manera para reconocer el movimiento de su conciencia de lo mental a lo físico. De acuerdo con esto, se tatúan y se hacen *piercings* en el cuerpo. Sin una auténtica orientación por parte de algún adulto mayor, los adolescentes pueden convertir esta ceremonia de hacerse un *piercing* o tatuarse en una declaración de rebeldía, así como en un medio para calmar y controlar el malestar interior. De este modo, el rito de iniciación, un acto sagrado, se convierte en un comportamiento reaccionario y en una afirmación adictiva de la moda.

Cuando están terminando su tercer ciclo de siete años, los adultos emergentes saben intuitivamente que se supone que deben alejarse de su comunidad y entrar en una ceremonia para modificar su consciencia. En consecuencia, se alejan de la presencia de los adultos, compran un barril de cerveza, en ocasiones consiguen drogas que alteran la mente, hacen una fiesta y se emborrachan.

En otras palabras, al no tener la orientación de los adultos mayores, los adultos emergentes se embriagan inconscientemente en el mismo momento en el que es necesario que experimenten conscientemente el poder de su altar interior. Una experiencia potencial de Sagrada Comunión se convierte en una entrada en la confusión autodestructiva.

Sin los ancianos, los niños de esta tierra se pierden en el desierto. Sin embargo, hacemos lo que se supone que debemos hacer, tanto si somos conscientes de que lo estamos haciendo como si no lo somos. Si no sabemos por qué estamos haciendo lo que estamos haciendo, entonces lo estamos haciendo inconscientemente.

Los ritos de iniciación en los que se entra conscientemente *integran*. Los ritos de iniciación en los que se entra inconscientemente *desintegran*.

Nuestras plegarias inconscientes

Un muchacho está caminando por el desierto con un anciano. Cuando llevan horas caminando por la aislada belleza del desierto, se encuentran con un gran afloramiento de rocas, fuera de lo común. Está pintado de forma poco halagüeña con grafitis y rodeado de fragmentos de botellas de cerveza rotas.

—Éste es un lugar sagrado –declara el anciano con reverencia–. Debemos detenernos un momento aquí y rezar una plegaria con un poco de tabaco.

—¡Sagrado! –objeta el muchacho–. Míralo. ¡Está hecho un desastre!

—Sí, es sagrado –afirma el anciano suavemente–. La gente viene a este lugar y siente la energía que emana de él. A través de una voz que ellos no saben que todavía les habla, se dan cuenta de que éste es un *altar* y que se supone que deben reconocerlo: ser *trasformados* por él.

El anciano continúa hablando en voz baja:

—Pero ya quedan pocos ancianos para enseñarnos estas costumbres. Por eso nos comportamos de la única manera que sabemos hacerlo. Bebemos cerveza, marcamos las rocas con nuestros símbolos confusos y rompemos botellas de cerveza para expresar nuestra ira. En lugar de *actuar de acuerdo con nuestra edad, actuamos movidos por la ira*. Nuestras plegarias sagradas se han convertido en hechizos destructivos que lanzamos inconscientemente contra la tierra.

El anciano extrae cuidadosamente un pellizco de tabaco de su bolsa y se la ofrece al suelo:

—Permanezcamos aquí, juntos, y digamos algo que tenga poder para este lugar.

LAS HISTORIAS QUE CONTAMOS

3

Un hombre llamado Frank es vecino de un exitoso criador de conejos. Este criador cría muchos conejos que son admirados, pero hay un espécimen en particular, llamado Fluffy, del que suele hablar con entusiasmo. Fluffy es el conejo campeón más hermoso que ha criado jamás. Fluffy es también un semental que ha engendrado numerosas crías valiosas. Pero lo más importante es que Fluffy es la alegría de la vida de la hija del criador. Ella comienza y acaba cada día con el conejo en sus brazos.

Una mañana, Frank se despierta y descubre que algo horrible está colgando de la boca de su perro. Alarga la mano para recuperar suavemente el cuerpo flácido, sucio y cubierto de saliva de las mandíbulas de Rover. Se queda paralizado momentáneamente mientras una sensación de intenso pánico recorre cada vena de su cuerpo.

Entonces, en sus pensamientos, da comienzo a una historia: «El vecino me va a matar, no cabe duda. Su hija va a pasar por múltiples fases de un irreparable trauma infantil, y todo porque mi estúpido perro ha matado a Fluffy. Dentro de diez años ella todavía seguirá yendo a terapia. Rover acaba de destruir un vecindario tranquilo. Estoy en serios problemas. Tengo que *hacer* algo».

Frank examina a Fluffy detenidamente y no encuentra ninguna marca de los dientes de Rover. Da por sentado que Fluffy murió de terror cuando Rover lo agarró. Frank se acerca lentamente a la valla, mira a hurtadillas la jaula de Fluffy y entonces ve con toda claridad que está abierta de par en par. *Rover debe de haber abierto la puerta de alguna manera*, se dice, *y debe de haber agarrado a la pobre criatura indefensa.* Es poco probable que Rover se comporte de ese modo, pero a Frank no se le ocurre ningún otro marco hipotético. ¿Qué puede hacer?

Aún es temprano y Frank puede ver que sus vecinos todavía no se han puesto en marcha. Una idea brillante pero desesperada sale a la superficie. Frank corre a su baño y Rover lo sigue de cerca. Saca su mejor champú y acondicionador, y le da al conejo muerto el mejor tratamiento capilar que cualquier conejo vivo o muerto haya recibido jamás. A continuación, seca el cuerpo flácido con el secador de pelo hasta que vuelve a tener una apariencia maravillosamente «esponjosa», como la que debería tener cualquier conejo campeón de exhibición. Luego, para el paso final, saca una zanahoria de la nevera, trepa silenciosamente por encima de la valla de su vecino, entra en su jardín y coloca delicadamente a Fluffy de vuelta en su jaula, sentándolo perfectamente erguido con una zanahoria a medio comer en la boca. Frank cierra la puerta de la jaula, pone el pestillo y luego regresa presuroso a su casa. El vecino dará por sentado que Fluffy murió atragantado con una zanahoria. El desastre ha sido evitado.

Frank se prepara una taza de café y toma su desayuno. Aproximadamente una hora más tarde está en su jardín llenando el tazón de agua de Rover, cuando oye a su vecino gritar. Luego oye a la mujer de su vecino gritar. Luego oye cómo la hija se pone absolutamente histérica. Luego los oye a los tres gritar al unísono.

Frank observa a sus vecinos reunidos alrededor de la jaula de Fluffy. Quiere correr y esconderse, pero sus afligidos vecinos lo ven. Para evitar parecer sospechoso, Frank camina con naturalidad en dirección a ellos, con una expresión de preocupación en el rostro. El criador, moviendo la cabeza de lado a lado, pálido como un papel, se acerca para encontrarse con Frank junto a la valla.

—¿Qué ocurre? –pregunta Frank, intentando sonar convincentemente curioso, pero no demasiado preocupado.

—En realidad no lo sé –le dice su vecino. Parece aturdido, confundido, desconcertado y un tanto horrorizado–. Anoche Fluffy murió en brazos de mi hija a causa de una fiebre provocada por las garrapatas, y entonces lo enterramos a unos treinta centímetros bajo tierra en el jardín trasero.

(yo viví una historia igual cuando era niña, lo puse en su jaula jajaja)

El arte de la magia

La historia de Frank ilustra lo que ocurre cuando nos apoyamos únicamente en los aspectos mentales y físicos de nuestra experiencia humana como el medio para interpretar lo que está desarrollándose en nuestras vidas.

El enfoque de *pensar que entendemos lo que está ocurriendo según lo que vemos que se está desarrollando físicamente delante de nosotros* es lo que hace que seamos «mentales» en relación con todas las cosas. Ésa es la fuente de todo drama.

Nuestro viaje para llegar a ser mentales respecto a todas las cosas comienza cuando somos niños y toma impulso cuando nos volvemos institucionalizados, es decir, cuando entramos en la institución llamada educación.

Tanto si somos conscientes de ello como si no los somos, desde el instante en que nos embarcamos en la educación somos adoctrinados en el arte de la magia. De hecho, nos enseñan a ser unos magos expertos. La primera lección que recibimos es cómo *escribir palabras*. Las palabras son la raíz de todos los hechizos, por eso debemos aprender a escribirlas.*

Cuando somos capaces de escribir correctamente suficientes palabras, entonces nos enseñan a ordenarlas para construir *oraciones*. Este ordenamiento de las palabras llamado *oraciones* son

---

* Aquí el autor hace un juego de palabras. En inglés, «hechizo» se dice *spell* y escribir correctamente también se dice *spell*. (*N. de la T.*)

nuestras maldiciones y nuestros conjuros. Nos sentencian, a nosotros y a los demás, a unos puntos de vista y de percepción específicos. Estas oraciones o puntos de vista se convierten en la base de todos nuestros sistemas de creencias.

Una vez que hemos aprendido suficientes oraciones, entonces nos enseñan *historias*. Son siempre sus historias. La historia es la versión del cuerpo mental de la realidad. La historia siempre la escriben los vencedores o las víctimas, y los vencedores y las víctimas siempre mienten: es decir, informan desde un punto de vista inherentemente tendencioso.

En cuanto aceptamos cualquier historia dada, cualquier punto de vista, automáticamente nos volvemos mentales. Esto se debe a que, mediante la aceptación de la historia que nos cuentan, aceptamos simultáneamente los medios a través de los que la historia nos es comunicada: el uso mágico de palabras y oraciones para trasmitir unas percepciones mentales específicas. Luego usamos la misma técnica, el mismo arte mágico, las mismas palabras y frases escritas, para contarnos a nosotros mismos historias sobre *lo que pensamos que nos está ocurriendo o nos ha ocurrido*.

Las historias que nos contamos a nosotros mismos se convierten en *mi* historia; el misterio. *Mi historia* es simplemente una interpretación mental de los acontecimientos físicos que están ocurriendo dentro de nuestra experiencia de vida. Esta historia no incluye el componente emocional y, por lo tanto, está incompleta.

De esta manera, todas nuestras interpretaciones mentales se convierten en una puerta que lleva a la interpretación errónea. Como Frank, contamos historias basándonos en un análisis mental de nuestras circunstancias físicas. Luego actuamos basándonos en nuestras conclusiones y suposiciones, y ello, a su vez, alimenta un drama continuo que es, a la vez, cómico y trágico.

Este aprieto «hechizante» es una perspectiva del símbolo de la serpiente que se come la cola. Este símbolo refleja nuestra propensión a digerir los cuentos que nos contamos a nosotros mismos.

Invitar a la integración

También tenemos la capacidad de liberarnos de la historia que hemos contado contándonos otra historia, pero en esta ocasión deberá ser una historia cuyo objetivo sea llevarnos deliberadamente a la plena conciencia.

Cuando es ejercida con *intención deliberada*, la misma habilidad mágica que usamos en cada momento para caer en la trampa del drama tiene la capacidad de liberarnos. Esto se debe a que el hecho de ejercer deliberadamente nuestra intención de *activar la conciencia integrada* automáticamente despierta el componente emocional que está faltando en nuestras interpretaciones puramente físicas y mentales.

Cuando entramos vemos nuestra experiencia de vida desde un punto de vista físico, mental *y* emocional, entramos en la *plenitud* o *integración*. Como sugiere la fonética de estas palabras en inglés, volver a estar *completo (whole)* es llegar a ser sagrado *(holy)*, e *integrar (integrate)* es entrar en la grandeza *(into greatness)*.

Esta forma de desentrañar un hechizo para recuperar una conciencia de nuestra totalidad es otra perspectiva del símbolo de la serpiente que se come la cola. Nos tragamos a nosotros mismos enteros para digerir la verdad.

El karma y las consecuencias

Empecemos a desentrañar nuestros hechizos de víctima y vencedor con el tema del karma. Todos hemos oído la expresión, «es nuestro karma malo», o «es nuestro karma bueno», y quizás incluso la hayamos utilizado.

Karma es otra palabra para decir consecuencia. Todo es consecuencia y, por lo tanto, todo es karma. Calificamos a las consecuencias como «buenas» o «malas», dependiendo de la historia que nos estemos contando a nosotros mismos en ese momento. Cuando las consecuencias parecen encajar con nuestra historia, son «buenas». Pero cuando interrumpen el fluir de nuestra historia, son «malas».

Hay un elemento de exactitud en la afirmación de que lo que nos está ocurriendo es por nuestro karma malo o por nuestro karma bueno. No obstante, uno de los barómetros que nos muestra que estamos avanzando hacia una conciencia más profunda es cuando empieza a ser evidente para nosotros que *lo que solíamos llamar nuestro karma bueno es estar atrapados en la inconsciencia y lo que solíamos llamar nuestro karma malo es en realidad la llave para nuestra liberación al entrar en una conciencia integrada.*

Más allá de los confines de la historia que nos contamos sobre *lo que pensamos* que está ocurriendo, en realidad no hay consecuencias buenas o malas. *Son simplemente consecuencias, y todas las consecuencias son justas.*

Una pregunta que vale la pena hacerse es: ¿dónde se almacena ese karma bueno y malo? ¿Dónde está el punto causal del desarrollo de las consecuencias que determina las resonancias de los componentes físicos, mentales y emocionales de nuestra experiencia de vida?

Hipnotizados por lo físico

Cuando finalmente somos considerados adultos, percibimos el mundo de una forma particular.

Cuando nos piden que narremos las experiencias a las que llamamos nuestro pasado, lo hacemos ofreciendo una acumulación cronológica de acontecimientos y circunstancias físicos siempre cambiantes. Esta percepción de nuestra vida como una acumulación de acontecimientos físicos y circunstancias significa que hemos entrado en un punto de vista hipnotizado por lo físico. Ahora contemplamos un mundo que nos parece físicamente sólido e inanimado, un mundo en el que todo *importa*.

Sin embargo, cuando observamos los ojos de un bebé recién nacido, es obvio que ellos perciben el mundo de una manera muy distinta. A juzgar la forma en que mueven los ojos por lo que los rodea, es como si no tuvieran un punto de enfoque; como si todo lo que ven estuviera en constante movimiento. Su mundo les parece *energía en movimiento* constante.

Los físicos cuánticos nos dicen que en realidad no hay una materia sólida, estática y carente de vida, que todo, por muy sólido e inanimado que parezca, está vivo y en constante movimiento.

¿Por qué el adulto necesita un potente microscopio para darse cuenta de lo que un bebé recién nacido experimenta sin esfuerzo?

Percepción sentida

El motivo por el cual percibimos el mundo como algo inanimado (sólido y sin vida) es porque cuando somos adultos estamos hipnotizados por lo físico. Estamos hipnotizados físicamente porque nuestra conciencia del cuerpo emocional está cerrada.

La conciencia del cuerpo emocional es percepción sentida. La percepción sentida es la capacidad de sentir las consecuencias de nuestros pensamientos, nuestras palabras y nuestros actos, *incluso antes de hacer uso de ellos*.

Cuando funcionamos desde la capacidad de la percepción sentida y pretendemos hacer daño a alguien, *sentimos el daño* antes de actuar siquiera movidos por esa intención. Cuando funcionamos desde la capacidad de la percepción sentida, la naturaleza de nuestra presencia en la tierra es guiada íntimamente por nuestro corazón.

Éste es el significado del antiguo dicho: «Ahí donde hay amor, no hay ley». Solamente necesitamos leyes cuando no somos capaces de sentir las consecuencias de nuestro comportamiento.

Esta capacidad de sentir es también un atributo de la percepción, el cual nos permite percibir que hay vida y, por lo tanto, hay movimiento, en todas las cosas. Cuando vivimos con nuestra percepción sentida cerrada o reducida, nos privamos de la plenitud de la experiencia que la vida en la tierra nos puede ofrecer.

Sin consciencia

Nuestra conciencia del cuerpo emocional se cierra cuando tenemos entre siete y catorce años de edad. Debido a esto, si activáramos instantáneamente una percepción sentida completamente desarrollada en el mundo adulto tal como lo experimentamos, sería imposible y bastante intolerable para nosotros, tal como somos ahora, funcionar eficazmente en nuestras vidas.

Nos resultaría demasiado doloroso porque las consecuencias de nuestros pensamientos, palabras y actos (especialmente tal como se están desarrollando actualmente en nuestra inconsciencia) son dañinas.

Por ejemplo, funcionar desde una percepción sentida hace que sea intolerable explotar la tierra movidos por la codicia, sería insoportable manipular a los demás sólo para obtener beneficios y sería inconcebible encerrar a los animales en campos de concentración para la producción de alimentos.

Cuando nos convertimos en adultos, funcionamos principalmente a partir de la percepción-pensamiento, en la cual nuestros pensamientos se fijan hipnóticamente en el aspecto aparentemente inanimado de una experiencia que antes era animada. En otras palabras, pasamos de una experiencia vibracional interna de la vida, la cual sentimos, a una experiencia externa física, acerca de la cual la que pensamos. Este estado de la percepción hace que llevemos constantemente nuestra atención hacia afuera, lejos de la comprensión de nuestro auténtico estado emocional.

Mientras nuestra percepción esté en el exterior, en ese estado de insensibilidad sentida, es fácil justificar mentalmente cualquier comportamiento físico. En ese estado de parálisis sentida, tenemos poco o ningún acceso a la resonancia de lo que mentalmente llamamos consciencia, que es la capacidad de sentir las consecuencias de nuestra presencia en la tierra. Mientras funcionemos desde un punto de vista físicamente inmóvil, nuestra versión de la consciencia será un concepto impulsado mentalmente y la exhibición de un modelo físico de comportamiento, predeterminado y limitado por reglas.

¿Dónde está nuestro pasado?

Una vez que nos hemos convertido en adultos, en lo relativo a la percepción, nuestra experiencia de vida constituye *todo lo que importa*.

Luego, cuando *recordamos* nuestras experiencias en la vida, las percibimos como una secuencia acumulada de acontecimientos físicos y circunstancias que se han desarrollado hasta este momento. Por consiguiente, el pasado nos parece algo que está fuera de nosotros, porque eso es lo que damos por sentado en relación a todos los acontecimientos físicos y las circunstancias: que están ocurriendo «fuera de nosotros».

Hay un error de percepción al percibir el pasado como algo que está detrás de nosotros, algo que podemos recordar, algo que está fuera de nosotros. El pasado no está detrás de nosotros. No importa con cuánta frecuencia y con cuánta rapidez nos giremos físicamente, no podremos ver el pasado *detrás* de nosotros.

Nuestro pasado tampoco está fuera de nosotros. Aparte de los objetos provenientes de nuestro pasado de los que nos rodeamos, cuando miramos a nuestro alrededor no vemos los acontecimientos del pasado fuera de nosotros; sólo vemos sus consecuencias.

Por ejemplo, no podemos ver la experiencia a la que llamamos infancia como algo que ocurrió ahí fuera en la tierra. Sólo podemos ver sus consecuencias. Esto se debe a que el pasado no está detrás de nosotros, ni tampoco fuera de nosotros. El pasado está *en nuestro interior*, irradiando hacia afuera como nuestras circunstancias actuales.

Si somos capaces de aceptar que los signos causales de los acontecimientos que conforman las experiencias que llamamos nuestro pasado están contenidas dentro de nosotros, entonces, ¿de qué está hecho actualmente «nuestro pasado»?

No está ocurriendo nada

Cuando no funcionamos desde la percepción sentida, *recordamos nuestro pasado* como si fuera algo que ocurrió *fuera de nosotros*, algo a lo que hemos adherido una historia. Por lo tanto, nos parece que nuestro pasado es una acumulación de acontecimientos físicos y circunstancias que están cambiando constantemente.

Esta apariencia de cambio constante se debe a que el aspecto físico de nuestra experiencia es también un mago experto. Está cambiando de forma continuamente. El cambio constante es su constante. Cada día que amanece *parece* distinto, y este cambio constante de apariencia física nos lleva a suponer que cada día es nuevo y que, dentro de cada *nuevo* día, estamos teniendo una *nueva* experiencia.

Cada día despertamos y el tiempo ha variado, mientras que hay personas en diferentes lugares vistiendo ropa distinta. Comemos diferentes alimentos y asistimos a diferentes actividades. Realizamos diferentes tareas en diferentes momentos. Esto nos lleva a dar por sentado que nuestra vida es una serie de acontecimientos y circunstancias que están cambiando constantemente. Esta apariencia de que cada día es un nuevo día, puesto que *parece* diferente, es una historia que nos contamos a nosotros mismos y que está apoyada por las apariencias siempre cambiantes de la forma: la prestidigitación de nuestra experiencia física.

Sin embargo, un engaño subyace a esta *apariencia de cambio*. La percepción de este engaño se despierta cada vez que pensamos o decimos algo como: «¿Por qué siempre me ocurre esto?».

Una verdad incómoda que se desliza debajo de esta ilusión de cambio constante aparece cada vez que intentamos modificar nuestras circunstancias físicas o nuestros pensamientos acerca de algo en un esfuerzo por cambiar la calidad de nuestra experiencia.

Desde el interior, la apariencia de cambio constante sonríe por la verdad oculta. Nos sonríe como nuestro inevitable regreso a la misma frecuencia de malestar interior sentido desde el cual hemos intentado repetidamente liberarnos mental y físicamente.

Si nuestra vida está verdaderamente siempre cambiando, siempre renovándose, entonces, ¿por qué experimentamos el aburrimiento? El sentimiento de aburrimiento es una pista de que, a pesar de toda la actividad externa, a pesar de todos nuestros esfuerzos mentales y físicos de cambiar la calidad de nuestra experiencia, en realidad no ocurre nada ni cambia nada.

Sólo *parece* que está ocurriendo o cambiando algo.

LO VIBRACIONAL

4

La palabra *vibracional* se utiliza en este texto en lugar de la palabra «espiritual», porque la palabra «espiritual» tiene mucha carga emocional y es vaga. Por otro lado, la palabra *vibracional* indica algo que es crucial cuando uno pretende entrar en una conversación con lo inefable: la importancia de *sentir*.

La palabra «espiritual», dado que ya está tan encasillada conceptualmente, puede provocar una segregación no intencionada. Desde el momento en que nos identificamos como «una persona espiritual», podemos estar dando por sentado, inconscientemente, que hay otras personas en la tierra que no son espirituales. Pero, ¿quién no es espiritual? Solamente cuando estamos hipnotizados físicamente y atrapados en una continua interpretación mental de nuestras experiencias, percibimos que algunas personas están hechas de espíritu mientras que otras no.

Al definirnos como una persona espiritual, también podemos exponernos al error de adoptar comportamientos específicos que suponemos que son característicos de las personas espirituales. Entonces, cuando surge el momento en el que debemos comportarnos de una forma auténtica, si ese comportamiento requerido no está dentro de nuestra definición de lo que constituye ser una persona espiritual, estamos atrapados. No podemos comportarnos con autenticidad porque «eso no es espiritual». El hecho de percibirnos como una persona espiritual puede, por lo tanto, hacernos vulnerables a la confusión perceptiva de la cual nuestra entrada en la llamada espiritualidad debería liberarnos.

La palabra «vibracional» está libre de todo este bagaje mental y emocional. Es neutral. Una experiencia vibracional es un encuentro sentido, no una conclusión mental a la que llegamos, o un comportamiento físico que tenemos que adoptar o representar. Ahí está la pista fundamental de cómo debemos enfocar una conversación con lo inefable.

Estar en el vientre materno

Hemos comentado que el Camino de la Conciencia sale de la resonancia *emocional* de la niñez, pasa por la etapa *mental* de los años de nuestra adolescencia y luego entra en los encuentros *físicos* hipnóticos de la edad adulta.

Sin embargo, este camino energético no se inicia en el momento del nacimiento y del comienzo del período emocional de la niñez. Comienza dentro del vientre materno como una resonancia vibracional.

La esencia de un estado vibracional es *ser*. Por esto también la experiencia del vientre materno puede ser considerada una experiencia vibracional para nosotros. En el vientre materno no podemos hacer nada, excepto *ser*.

Mientras estamos en el vientre materno, nuestro ser está inmerso en vibraciones, en la suma de las vibraciones que experimentamos a través de los latidos del corazón, del bombeo de la sangre, de la respiración de los pulmones, del tono vocal, de la temperatura corporal, de la postura, etc. de nuestra madre.

Nuestra salida del útero marca un punto de transición del ser al hacer.

El primer ciclo de siete

En el momento de la concepción, no entramos directamente en el vientre materno. El vehículo físico al que llamamos nuestro cuerpo pasa primero por un período de desarrollo, otorgándole la capacidad de contener la inmensidad de nuestra esencia vibracional.

Nuestra conciencia entra en el cuerpo físico aproximadamente al segundo mes del ciclo de embarazo de nueve meses. Por lo tanto, estamos en el vientre materno por un período de siete meses. Esta experiencia de siete meses en la matriz es nuestro primer ciclo de siete.

Por lo tanto, podemos llamar a esta experiencia de siete meses en la matriz el aspecto vibracional inicial que inaugura nuestro viaje por el Camino de la Conciencia. Visto desde su punto de inauguración, el viaje que realizamos por el Camino de la Conciencia al entrar en nuestra experiencia en la tierra pasa de vibracional (vientre materno) a emocional (infancia), a mental (adolescencia) y a físico (adulto).

Grabación

La palabra *grabación* en el texto de este libro se refiere a la trasferencia deliberada de información energética que tiene lugar dentro de los primeros veintiún días de nuestra experiencia de vida, dentro de los primeros ciclos de siete años: emocional, mental y físico.

Puesto que la trasferencia de esta información es energética, es prácticamente imposible que, en medio de su desarrollo, el individuo en el que se está grabando perciba el procedimiento de grabación. De manera que, cuando dejamos atrás los primeros tres ciclos de siete años y empezamos a estar hipnotizados mental y físicamente por nuestra experiencia, la presencia y el impacto de esta grabación en la calidad de nuestra experiencia humana permanecen ocultos.

El propósito de esta trasferencia energética es grabar sistemáticamente en nuestro cuerpo emocional, luego mental y luego físico, la información específica a la que podemos acceder cuando logramos tener la capacidad de adaptarla. La grabación es como un tatuaje energético. También puede considerarse como la descarga de consecuencias en los componentes emocionales, mentales y físicos de nuestra experiencia humana, o el anclar en esta vida el karma de experiencias anteriores.

La grabación comienza mientras estamos en el vientre materno, como una trasmisión energética: un patrón vibracional que nos es trasmitido a través de las complejidades de la experiencia de nuestra madre. Luego continúa desarrollándose como una grabación sentida en los primeros siete años de nuestra vida después de nacer, como una grabación mental (contar historias) de los siete a los catorce años de edad y después como una grabación física entre los catorce y los veintiún años.

De los veintiún años en adelante, nuestra experiencia de vida es eclipsada y enfatizada por este patrón grabado, y permanece así hasta que despertamos a él e interactuamos conscientemente con él.

Transmisión vibracional

Como una forma de ilustrar este procedimiento de grabación, viajaremos por las diferentes etapas de la experiencia usando una serie de acontecimientos ficticios. Contaremos una historia con la finalidad de ayudarnos a integrar conscientemente el procedimiento de grabación. Al contar esta historia, examinaremos la dinámica y el impacto de un acontecimiento grabado, o una información energética descargada, que vuelve a ocurrir con la regularidad de nuestros ciclos de siete años.

La narración de esta historia revela gradualmente cómo una experiencia grabada se convierte en un punto causal invisible de la naturaleza repetitiva de muchos de los aspectos molestos de nuestra experiencia de vida. En otras palabras, la grabación es la respuesta a la pregunta: «¿Por qué siempre me ocurre esto?».

Comenzamos nuestra historia empezando por la experiencia dentro del vientre materno: el aspecto vibracional del Camino de la Conciencia. Para servir al propósito de esta ilustración, vamos a examinar un acontecimiento que se graba repetidamente en el momento de los seis años dentro del ciclo vibracional, emocional, mental y físico de siete años.

La grabación del abandono

Un incidente que tiene lugar en el octavo mes del ciclo del embarazo con el que comenzamos nuestra ilustración de la grabación está relacionado con una acalorada discusión que tienen nuestra madre y nuestro padre. Se casaron, cada uno de ellos convirtió al otro en su padre o en su madre, y ahora no se soportan. Después de todo, ¿quién quiere acostarse con su madre o con su padre?

Después de una fea pelea emocional, nuestro padre se marcha. En ese momento hay una poderosa resonancia emocional a la que podemos llamar, conceptualmente, abandono. Nuestro padre abandona a nuestra madre, y nuestra madre se siente abandonada por nuestro padre. Esta resonancia de abandono está hecha de una ensalada emocional que contiene los ingredientes de miedo, ira y tristeza.

Miedo, ira y tristeza forman la trinidad de toda disfunción emocional. El miedo está directamente relacionado con lo físico. Es una reacción a la amenaza de nuestra mortalidad física. La ira está directamente relacionada con lo mental, ¡la venganza es una trama! La tristeza está directamente relacionada con el cuerpo emocional, con los asuntos del corazón.

Mientras estamos en el vientre materno, no experimentamos la frecuencia del abandono como las emociones de miedo, ira y tristeza, sino como unas vibraciones poderosas. La experiencia de nuestra madre a lo largo de este encuentro emocional nos es trasmitida vibracionalmente a través de la forma en que su estado físico refleja su encuentro emocional con el enojo del momento.

Mientras se desarrolla este encuentro emocional entre nuestra madre y nuestro padre, la resonancia del abandono penetra en nuestra consciencia a través de la forma en que late el corazón de nuestra madre, la forma en que respira, la forma en que su sangre es bombeada. Está en el tono de su voz cuando se expresa y en el movimiento de su armazón físico. En consecuencia, la complejidad de la marca distintiva emocional que está bajo la experiencia de abandono impacta en nuestra conciencia emocional de una forma muy precisa.

Una señal deliberada

El cuerpo vibracional es distinto de los cuerpos emocional, mental y físico, en el sentido de que se pueden grabar cosas (alterar temporalmente) en los cuerpos emocional, mental y físico, mientras que en el vibracional eso no es posible.

El cuerpo vibracional simplemente trasmite una señal. Una vez que esa señal ha salido, no queda ningún registro de esa trasmisión.

Nuestra experiencia de siete meses en el vientre materno se utiliza para trasmitir y llevar vibracionalmente una señal de nuestra encarnación anterior a la encarnación en la que ahora vamos a entrar. Esta señal es trasmitida deliberadamente por lo vibracional a través del vientre materno en forma de experiencias reflejadas a través de nuestra madre mientras nos encontramos ahí. En otras palabras, la experiencia de nuestra madre durante el embarazo es una experiencia multidimensional orquestada deliberadamente que contiene la información esencial de las semillas de nuestro potencial.

Durante los primeros siete años de nuestra vida, esta trasmisión vibracional se deposita deliberadamente en nuestro cuerpo emocional en forma de patrones energéticos definidos.

Mientras estamos físicamente hipnotizados por nuestra experiencia, no tenemos la capacidad de percibir el hecho de que esta experiencia de grabación es absolutamente deliberada. En consecuencia, parece como si todo estuviera ocurriendo por casualidad, de una forma caótica y sin sentido. La razón por la cual parece ser de esta manera es que toda la experiencia de grabación es una experiencia de energía en movimiento; un despliegue energético, el cual no somos capaces de percibir como algo deliberado porque todavía no tenemos una conciencia del cuerpo emocional.

Grabar en lo emocional

Cuando salimos del vientre materno, la señal vibracional que hemos recibido se descarga al ser grabada como un patrón, como un tatuaje, en el cuerpo emocional.

Para explicar cómo es este procedimiento de grabación, continuaremos con nuestra ilustración. Ahora pasamos de la experiencia de abandono entre nuestra madre y nuestro padre, que ocurrió en el octavo mes de nuestra experiencia en el vientre materno, al momento en el que tenemos seis años de edad, que es el sexto año en nuestro primer ciclo de siete años después del nacimiento.

Nuestros padres han intentado arreglar las cosas y seguir juntos por el bien del niño. Pero la realidad es que no se soportan. Claramente, están reflejando el uno en el otro sus problemas no integrados. Pero, puesto que ambos están hipnotizados por lo físico y carecen de una conciencia del cuerpo emocional, creen que deben resolver las cosas cambiando a la otra persona mediante la discusión, el debate y la petición de «condiciones», en lugar de mirar en su interior. Esto los lleva a un callejón sin salida: el divorcio.

Mientras se desarrollan los trámites del divorcio, nosotros, con seis años, interactuamos con este hecho principalmente con nuestro cuerpo emocional. Todavía no tenemos la capacidad mental conceptual para saber qué significa la palabra «divorcio», ni tampoco la experiencia de vida física para contener lo que implica un procedimiento de divorcio entre dos personas de una forma integrada. Para nosotros, es predominantemente una experiencia emocional: un encuentro con sentimientos desagradables.

Mientras nuestra madre y nuestro padre tienen esta experiencia, para nosotros esto significa la aparición de la resonancia del abandono, que contiene una ensalada emocional de miedo, ira y tristeza. Ahora, a través de nuestra experiencia infantil de la percepción sentida, esta resonancia de abandono se graba en nuestro cuerpo emocional como si fuera un tatuaje. En consecuencia, esto determina la manera en que nuestras energías «se mueven en el movimiento».

Para ser más exactos, establece una situación en la que ciertos aspectos de nuestro sistema energético *ya no se mueven libremente en el movimiento*. Esto se convierte en nuestro diseño emocional.

Grabar en lo mental

Avanzamos otros siete años, hasta la edad de trece años, el sexto año de nuestro segundo ciclo de siete años después del nacimiento. Ahora vivimos con nuestra madre en un barrio en el que nos hemos hecho muy amigos de una persona en particular. Puesto que ahora, claramente, tenemos problemas de abandono, nos aferramos obsesivamente a esta persona. La declaramos nuestro «¡mejor, mejor, mejor amigo!».

Un día, a los padres de nuestro mejor amigo (o amiga) les informan de que van a ser trasladados fuera del estado, y en menos de dos semanas, nuestro compañero es arrancado de nuestra realidad. Una vez más, experimentamos la resonancia del abandono, que está hecha de la ensalada emocional que contiene miedo, ira y tristeza. Sin embargo, aunque esto nos impacta como una poderosa experiencia emocional, no la vemos así.

A estas alturas ya llevamos un tiempo yendo al colegio, donde nos enseñan magia. En consecuencia, interactuamos con esta experiencia mentalmente: conceptualmente. Hacemos frente a este hecho *contándonos una historia* acerca de quiénes somos y acerca de la naturaleza del mundo en que vivimos. A través de esta historia, estamos estableciendo nuestro sistema de creencias. Se convierte en «mi historia», el tejido del misterio. A través de la narración de esta historia, la resonancia del abandono es tatuada en nuestro cuerpo mental.

Grabar en lo físico

Avanzamos otros siete años, hasta la edad de veinte años, el sexto año de nuestro tercer ciclo de siete años después del nacimiento. Ahora somos un adulto joven, profundamente enamorado de alguien, que se encuentra ante el altar de una iglesia esperando a que esa persona llegue. La realidad es que ahora tenemos profundos problemas de abandono y, por lo tanto, le hemos pedido a esta persona que se case con nosotros tres días después de nuestra primera cita.

Esperamos ansiosamente ante el altar. Éste promete ser el día más maravilloso de nuestra vida hasta el momento. Miramos el reloj repetidamente mientras los minutos van pasando lentamente. Al final, caemos en cuenta de que nos han plantado frente al altar. Una vez más, entramos en la resonancia del abandono, una ensalada hecha de miedo, ira y tristeza.

A pesar de que exhibimos fuertes reacciones emocionales a lo que está ocurriendo, ésta no es una experiencia principalmente emocional para nosotros. Aunque, una vez más, nos contamos una historia acerca de lo que está ocurriendo en ese momento, ya no es principalmente una experiencia mental para nosotros.

A la edad de veinte años, nuestra conciencia está absolutamente absorta en los componentes físicos de nuestra experiencia. En consecuencia, ahora la experiencia de abandono es principalmente una circunstancia o aprieto físico, y la expresamos con algo así como: «¿Cómo se atreve *ella* a hacerme esto *a mí* en *este día*, con todas estas personas aquí?». Percibimos la resonancia del abandono de acuerdo con las circunstancias físicas en las que ahora nos encontramos. Así pues, la resonancia del abandono queda tatuada en el aspecto físico de nuestra experiencia.

«¿Por qué siempre me ocurre esto?»

Una vez más, avanzamos siete años, hasta la edad de veintisiete años. Ahora somos un profesional de éxito. Comenzamos unos estudios de cuatro años y obtuvimos una calificación que nos permitió conseguir un empleo lucrativo.

Puesto que estamos sumamente necesitados y tenemos un poderoso problema subyacente de abandono, hemos trabajado mucho, hemos vivido una vida de noches largas, charlando con las personas adecuadas, vistiendo la ropa adecuada y siendo vistos en los sitios adecuados.

Una noche, durante un encuentro en el que estamos bromeando y tomando unas copas, nuestro jefe insinúa que somos la persona adecuada para un puesto que estará libre a fin de mes. Nuestra necesidad hace que esta charla regada de alcohol sea creíble para nosotros.

En el día del anuncio del ascenso, nuestro jefe le da el puesto a la persona del despacho que está junto al nuestro: una persona a la que considerábamos nuestra mejor amiga. Nos sentimos destrozados. Además, nos sentimos avergonzados porque le dijimos a todo el mundo que íbamos a recibir un ascenso.

Debajo del maremoto de ansiedad que estamos sintiendo, está la resonancia del abandono. Nos *sentimos* abandonados por nuestro jefe, por nuestro mejor amigo del despacho de al lado, por nuestros años de estudios y por todos nuestros esfuerzos sociales.

Aunque estamos afligidos emocionalmente y mentalmente nos estamos derrumbando por dentro, ahora nuestra concentración está absorta en concreto en las circunstancias físicas. Nos preguntamos: «¿Cómo puede estar ocurriéndome esto a mí? ¿Cómo se atreve mi jefe a defraudarme? ¡Con lo duro que he trabajado para él! ¿De qué ha servido todo eso?».

Llegado este punto, podemos hacer una pregunta que tiene la clave del punto causal de nuestra confusión personal. Si la preguntamos sinceramente, tiene la capacidad de ayudarnos a darnos cuenta de lo que está ocurriendo realmente. La pregunta es: «¿Por qué siempre *me ocurre* esto?».

Cegados emocionalmente

Sentimos que somos víctimas de una maldición y no podemos comprender por qué. Trabajamos muchísimo. Nos esforzamos todo lo que podemos. Sin embargo, a la hora de la verdad, aparentemente somos saboteados por fuerzas invisibles. «La vida no es justa», declaramos.

Cuando miramos *atrás* y repasamos nuestra vida con una mirada que ahora concretamente está absorta en la acumulación de acontecimientos y circunstancias físicos a partir de los cuales contamos nuestra historia, parece como si nuestra experiencia de vida fuera una desventura siempre cambiante llena de mala suerte. Debido a la prestidigitación del aspecto físico de nuestra experiencia (su capacidad de vestir cada día de una manera diferente) no podemos ver que *desde que teníamos siete años de edad, nunca nos ha ocurrido nada nuevo.*

No nos podemos dar cuenta de esto porque ya no vemos nuestra vida en la tierra con unos ojos capaces de percibir el punto causal de nuestra experiencia: los ojos de la comprensión que perciben la energía-en-movimiento.

Ahora, nuestros ojos físicos sólo pueden mostrarnos las diversas formas que han tomado nuestras primeras experiencias de la infancia, y estas manifestaciones físicas están cambiando continuamente porque la única constante del aspecto físico de nuestra experiencia es que ésta cambia constantemente. Cuando vemos nuestra experiencia de vida como una acumulación de acontecimientos físicos y circunstancias, no somos capaces de ver lo que se mantiene igual. Nuestros ojos físicos no pueden percibir nada de lo que no cambia. Sin embargo, a menudo, cuando entramos en estados de malestar, una voz dentro de nuestra conciencia nos susurra constantemente hablándonos de *algo* que nunca parece cambiar.

Nuestros ojos mentales de la comprensión están igualmente ciegos, porque sólo perciben la historia que nos hemos contado a nosotros mismos sobre lo que nos está ocurriendo: una historia que contiene tanta verdad como la historia que Frank se contó a sí mismo sobre cómo había llegado Fluffy a la boca de Rover.

Cuando luego nuestro comportamiento es una consecuencia de esta historia, entramos en el mismo nivel de tragedia cómica en el que entró Frank y provocamos un drama del mismo calibre del que él provocó en sí mismo y en sus vecinos. Ésta es la tragedia cómica que tiene lugar cuando nos apoyamos en el análisis.

Cuando *analizamos* mentalmente nuestra vida, inevitablemente, damos por sentadas ciertas cosas y acabamos sintiéndonos como unos idiotas.

Cuando entramos en la edad adulta, nuestro problema es que no tenemos prácticamente ninguna conciencia del cuerpo emocional y, por lo tanto, no somos capaces de percibir la energía en movimiento, con la consecuencia de que, en gran medida, nos quedamos ciegos en lo relativo a la percepción.

Desde nuestro estado de incapacidad perceptiva, cuando *miramos atrás* y recordamos nuestra vida (el divorcio de nuestros padres cuando teníamos seis años, la repentina marcha de nuestro mejor amigo cuando teníamos trece años, la ocasión en que nuestra novia nos dejó plantados cuando teníamos veinte años y la traición percibida de nuestro jefe cuando teníamos veintisiete), nos parece que todos son incidentes completamente separados que no tienen nada en común. Ocurrieron en diferentes períodos en nuestra vida y no parecen estar relacionados, en absoluto, en su desarrollo.

Sin embargo, la clave de nuestra trágica situación surge como el sol que amanece y nos ofrece su luz cada vez que exclamamos con frustración: «¿Por qué siempre me ocurre esto?».

Sin visión

Si conseguimos entrar brevemente en la capacidad de percepción inherente en la conciencia del cuerpo emocional, nos damos cuenta de que, debajo de cada uno de esos hechos aparentemente no relacionados, hay *una signatura emocional idéntica*, una ensalada emocional particular que ahora identificamos conceptualmente como miedo, ira y tristeza.

Esta resonancia recurrente en particular, emocionalmente molesta, podría resumirse ahora en una palabra: abandono. Pero, puesto que estamos emocionalmente ciegos al estado de nuestro propio corazón, no podemos llegar al corazón del asunto.

Cuando nos encontramos en este estado adulto y ya hemos pasado por diversas repeticiones de este Ciclo de Siete Años que hace eco, entramos en una experiencia de comportamiento en la que todo lo que percibimos está al revés, hacia atrás y de cabeza. No podemos conectar con los puntos emocionales y, por lo tanto, nos comportamos como si el efecto de nuestra experiencia fuera un punto causal, como si la única manera de hacer un impacto en la calidad de nuestra experiencia fuera reorganizándola físicamente, o modificando nuestra interpretación mental de ella.

La conciencia de que estas circunstancias tienen algo que ver con una signatura emocional (con energía en movimiento o, más exactamente, con energía *sin* movimiento) se pierde en nosotros.

Cuando este ciclo grabado de abandono nos ha impactado psicológicamente y en repetidas ocasiones, no nos damos cuenta de que toda nuestra experiencia de vida se convierte en un duelo defensivo con una signatura emocional invisible. Todo lo que hacemos es un vano intento físico y mental de contrarrestar nuestra sensación de abandono. Evitamos el compromiso. No nos permitimos acercarnos demasiado a los demás. Tarde o temprano, encontramos un empleo en el que somos invisibles y estamos seguros.

En las horas silenciosas, intentamos *pensar cómo salir* de nuestra mala situación, analizándola una y otra y otra vez con nuestro cuerpo mental. Nos preguntamos qué pasos físicos podemos dar para cambiar. Al final nos damos por vencidos y «seguimos adelante». Ahora nos hemos convertido en una persona como todas las demás: *ineficaz*.

Nuestra experiencia de vida se ve reducida a las actividades diseñadas para sedar y controlar nuestro malestar interior, lo cual sirve para que no seamos conscientes de nuestra impotencia.

Las emociones son debilidad

Puesto que no tenemos una conciencia del cuerpo emocional, ya no utilizamos nuestra percepción sentida como un medio de percepción. Ahora la usamos como una herramienta para el drama: como un medio para mostrar nuestro miedo, nuestra ira y nuestra tristeza.

Nuestras expresiones de drama no son un indicador de la conciencia del cuerpo emocional. El miedo, la ira y la tristeza, cuando son proyectados hacia afuera, hacia el mundo, son una disfunción del cuerpo emocional. Nuestra exhibición externa de drama es una herramienta que usamos para llamar la atención de los demás, puesto que todavía no somos suficientemente maduros emocionalmente como para prestarnos esa atención.

El cuerpo físico crece cuando le damos la nutrición más básica, de manera que, cuando llegamos a la veintena, físicamente tenemos el aspecto de un adulto. El cuerpo mental también se desarrolla cuando nos dedicamos a las actividades mentales más básicas, como aprender a leer, escribir y contar.

Sin embargo, después de los siete años de edad, no hay ningún foro para el desarrollo consciente o deliberado de nuestro cuerpo emocional. Por el contrario, apenas estamos saliendo de una era en la historia de la humanidad en la que la expresión desinhibida del cuerpo emocional está reservada a los niños, los artistas, los actores, los excéntricos, la comunidad gay, las chicas jóvenes y las personas «emocionalmente inestables». La expresión emocional desinhibida en el mundo adulto mental recibe se etiqueta como una señal de debilidad, ostentación extravagante, inestabilidad, pecado y falta de autocontrol.

Externamente, ahora observamos las consecuencias de esta falta de desarrollo del cuerpo emocional en el comportamiento de nuestros políticos. Cuando no pueden *conseguir* lo que quieren, se comportan como niños de siete años en el patio de un colegio.

La falta de desarrollo del cuerpo emocional en la especie humana impacta en todos los aspectos de nuestra experiencia adulta.

El círculo vicioso de este problema es que para percibir el punto causal y las consecuencias de este retraso emocional es necesario tener una conciencia del cuerpo emocional.

En consecuencia, cuando la vida no se desarrolla de acuerdo con nuestra historia, los adultos nos comportamos como niños inmaduros, y muy pocos tienen la capacidad de percibir cuál es el motivo.

QUE TENGAS UN «BUEN» DÍA

5

Cuando ya somos adultos, albergamos inconscientemente un malestar continuo y cada vez mayor dentro de nuestro cuerpo emocional. Sin embargo, puesto que no somos capaces de percibirlo, no podemos aliviarlo.

Aumentamos ese malestar al caer, inconscientemente, en comportamientos reactivos para compensar ese estado. Esos comportamientos reactivos se convierten en nuestras «necesidades» y «deseos». Entonces, inconscientemente, diseñamos nuestra experiencia de vida en torno a alimentar un apetito de alivio interior que no puede ser saciado porque ni siquiera somos conscientes de que eso es lo que estamos haciendo.

La gente pregunta: «¿Cómo estás?». Y nosotros respondemos, «Bien, gracias». O les decimos, «Estupendamente». Y luego les decimos, «Que tengas un buen día».

¿Qué significan las palabras *bien, estupendamente* y *buen día*? Nada. Son palabras emocionalmente vacías que surgen con regularidad en nuestro vocabulario cuando somos emocionalmente impotentes.

Nuestra única esperanza es ser capaces de percibir nuestra situación con los ojos de la conciencia. Solamente el hecho de tomar conciencia de nuestro problema trasforma los aspectos inconscientes de esta experiencia y nos salva de ser condenados a vivir una «buena» vida.

Escribe «live» al revés

Cuando ya somos adultos, a través de la grabación y el ejemplo, hemos moldeado nuestro comportamiento de acuerdo con el de aquellas personas que entran y salen continuamente de nuestra experiencia de vida. Como máquinas fotocopiadoras orgánicas, duplicamos el problema de percepción que tienen nuestros padres, nuestros compañeros, los predicadores, los políticos y los líderes empresariales.

Este comportamiento es ir hacia atrás.

Nos comportamos como si *el efecto fuera la causa*. En otras palabras, nos comportamos como si el mundo físico nos estuviera ocurriendo a nosotros, en lugar de que el mundo refleje lo que se está desarrollando energéticamente en nuestro interior.

Cuando vivimos hacia atrás, podemos describir nuestro problema de percepción escribiendo la palabra «*live*» hacia atrás.*

Es importante neutralizar el bagaje emocionalmente cargado y religiosamente ordenado que nos trasmite la palabra «*evil*», para poder despertar del problema perceptivamente infernal que está contenido en esa palabra. Es útil decir la palabra «maligno» en voz alta y observar qué sentimientos genera dentro de nosotros. Esos sentimientos son una respuesta programada. Están ligados a una historia que nos hemos contado. Son una *oración*, la consecuencia de un *hechizo*.

El comportamiento maligno es un comportamiento que nace del mismo error de percepción: percibir un efecto como si fuera la causa y actuar en consecuencia.

Un comportamiento maligno

Vamos a ilustrar el «comportamiento maligno» o cómo «vivir hacia atrás», para así poder observar claramente la presencia de este

---

* *Live*, en inglés, significa «vivir», y si la escribimos hacia atrás obtenemos la palabra *evil*, que significa «maligno» o «malvado». (*N. de la T.*)

error de percepción dentro de nuestra propia experiencia de vida.

Para ilustrar cómo manifestamos una circunstancia en nuestra experiencia de vida, podemos usar el acto de lanzar un bolígrafo al otro lado de la habitación. Si estamos sosteniendo un bolígrafo en nuestra mano y lo lanzamos hasta el otro lado de la habitación, según la forma en que actualmente nos comportamos en esta tierra, creemos que si queremos cambiar la forma en que lo estamos lanzando debemos ir al lugar donde ha caído en el suelo y moverlo en ese punto.

En otras palabras, si no nos gusta nuestro cuerpo, tenemos que hacer algo al respecto físicamente. O, si no nos gusta nuestra pareja, debemos encontrar una nueva. O, si no nos gusta nuestro trabajo, debemos dejarlo y buscar un nuevo empleo. O, si no nos gusta el país en que vivimos, tenemos que mudarnos a otro.

Nos comportamos como si el aspecto físico de nuestra experiencia fuera el punto causal de la calidad de nuestra experiencia. Así que, cuando nos sentimos incómodos en algún sentido, iniciamos una actividad cuyo objetivo es modificar nuestras circunstancias físicas.

El Camino de la Conciencia revela que el punto de energía causal que entra en esta tierra y se manifiesta es el emocional. Después pasa de lo emocional a lo mental y luego a lo físico. En consecuencia, hacer modificaciones mentales o físicas en nosotros mismos en un intento de cambiar la calidad de nuestra experiencia, para así sentirnos mejor, es lo mismo que intentar alterar la forma en que el bolígrafo vuela por el aire, o moverlo en el suelo después de que ha aterrizado, como si esos actos pudieran cambiar, de alguna manera, la forma en que lo lanzamos.

Ciertamente, todo el mundo se comporta así, lo cual hace que parezca algo normal. En realidad, comportarse de esa manera es de locos.

Según el Camino de la Conciencia, el bolígrafo, mientras está en nuestra mano, representa el aspecto emocional de nuestra experiencia, el punto causal. Luego, mientras está volando por el aire, es el aspecto mental de nuestra experiencia: el pasaje que lleva de lo emocional a lo físico. Dónde y en qué posición aterriza en el suelo es el aspecto físico de nuestra experiencia: el punto de manifestación. Intentar modificar *la calidad de nuestra experiencia* (cómo nos *sentimos* respecto a lo que nos está ocurriendo) cambiando nuestro estado mental o nuestras circunstancias físicas es, por lo tanto, interferir en el efecto para realizar una modificación en el punto causal. Esto es un comportamiento que va hacia atrás.

La cuestión es: ¿qué es lo que nos hipnotiza haciéndonos creer que podemos cambiar *la forma en que nos sentimos* respecto a una experiencia modificándola físicamente, o incluso alterando nuestra visión mental de ella?

Ineficaces

Siempre que nos sentimos incómodos y reaccionamos a nuestra experiencia realizando cambios físicos (modificando nuestras circunstancias físicas cambiando de pareja, de empleo o de circunstancias de vida), se presentan las mismas consecuencias inevitables.

Inicialmente, nos sentimos diferentes porque nuestra experiencia física externa parece haberse modificado. Sin embargo, entre tres semanas y tres meses después de haber realizado cualquier modificación física importante en nuestra experiencia de vida, empieza a aparecer en nuestra conciencia el mismo *sentimiento* molesto que hizo que buscáramos un cambio.

Aunque hemos modificado los parámetros de nuestra experiencia física, el tiempo revela que nada ha cambiado. Por lo tanto, nuestro comportamiento ha sido ineficaz. Esto se debe a que, de acuerdo con el Camino de la Conciencia, que pasa de lo emocional a lo mental y luego a lo físico, nuestras circunstancias físicas son un *efecto* de la experiencia emocional original que se desplegó en nuestros primeros siete años de vida.

Claro que no podemos percibir esto. ¿Por qué? Porque al ver únicamente el aspecto físico de nuestra experiencia de vida, seguimos estando ciegos a la corriente energética que lo creó. No nos damos cuenta de que nuestras circunstancias físicas externas siempre son un reflejo de alguna otra cosa: una energía que está en movimiento o una energía que ya no está en movimiento.

Lo físico (el aspecto de nuestra experiencia que parece importarnos más) es simplemente un *efecto* que refleja el estado de alguna otra cosa que actualmente no estamos viendo. Alterar un efecto con la intención de modificar una causa es comportarnos de una forma que va hacia atrás. Comportarnos hacia atrás es ineficaz.

Mientras continuemos percibiendo nuestra vida simplemente como un acontecimiento físico, o como una construcción mental que se ha manifestado físicamente, nuestro intento de trasformar la calidad de nuestra experiencia en ella seguirá siendo inútil.

«Crear paz» es una locura

Vamos a examinar nuestro comportamiento hacia atrás desde otra perspectiva. Aquí en la tierra el comportamiento ineficaz es la norma y se considera cuerdo.

Nuestros políticos se comportan así en todos los aspectos de su administración del gobierno. Nuestros medios de comunicación perciben la vida en la tierra de esta manera en todos los aspectos de su cobertura de las noticias. Nuestras diversas religiones se comportan de esta manera en su forma de interactuar unas con otras y en los rituales que usan para acercarse a lo que Dios es para ellas.

Vamos a demostrar este error de percepción. Actualmente, enfocamos la paz en la tierra de dos formas y éstas difieren de acuerdo con lo que percibimos que es el punto causal de nuestra experiencia:

Cuando creemos que el punto causal de nuestra experiencia es *lo físico*, nos comportamos como los políticos. Si queremos *crear paz*, le decimos a todo el mundo, «¡Callaos y quedaos quietos!», para poder alcanzar la paz. Si no nos obedecen, entonces *imponemos la paz* enviando a las fuerzas armadas para confinar a los otros en circunstancias que nosotros consideramos pacíficas. Éste es el enfoque de un ser humano que cree que la paz es una circunstancia física. No hay ningún registro en la historia de la humanidad de que se haya conseguido una conciencia de la paz imponiendo unas circunstancias físicas específicas a otras personas, y continuar honrando ese comportamiento es una locura. Colocar la palabra «fuerza» y la palabra «paz» en la misma oración sólo es posible cuando somos malignos.

Cuando creemos que el punto causal de nuestra experiencia es *lo mental*, nos comportamos como la mayoría de las organizaciones dedicadas a mantener la paz. Si queremos *crear paz*, invitamos a todos a traer su manifiesto escrito sobre lo que ellos creen que inicia la paz, y luego discutimos esos puntos hasta que todos estamos de acuerdo en un manifiesto aceptable para todos los implicados. Una vez que estamos de acuerdo, llamamos a los medios de comunicación y firmamos públicamente ese documento. Así es como nos comportamos cuando creemos que la paz es un concepto mental. No hay ningún registro en la historia de la humanidad de que se haya alcanzado una conciencia de la paz tratándola como un concepto mental, y continuar honrando ese comportamiento es una locura. Creer que podemos alcanzar la paz genuinamente mediante un «acuerdo» con otras personas es una locura. Comportarnos como si la paz surgiera de una discusión o un debate sólo parece factible cuando somos malignos.

Estos dos enfoques forman un macrocosmos que refleja el microcosmos de cómo nos comportamos dentro de nuestra experiencia de vida individual. Nos tratamos a nosotros mismos, a nuestras familias, a nuestras parejas, a nuestros amigos y a nuestras comunidades de la misma manera en que se comportan los políticos y las organizaciones de paz cuando intentamos «crear paz» modificando las circunstancias físicas o mediante el debate y el acuerdo.

Ambos enfoques son ineficaces.

Crear lo que ya existe

La paz no es una circunstancia física, aunque se puede percibir a través de circunstancias físicas. La paz tampoco es un concepto mental, aunque puede ser comunicada como si lo fuera, tal como lo estamos haciendo en este texto.

La paz, inicialmente, es percibida por nosotros como un sentimiento.

Según el Camino de la Conciencia, cuando nos sentimos en paz, ese sentimiento irradia automáticamente desde el interior de nuestro cuerpo-de-energía-en-movimiento (emocional) hacia nuestras formas de pensamiento (mental) y luego es reflejado de vuelta hacia nosotros desde, y a través de, nuestras circunstancias externas (físico).

La idea de que debemos «crear paz» es un error de percepción que fomenta un comportamiento engañoso. La paz pertenece a lo vibracional. Es algo que ya está dado, no es algo que tengamos que crear. Toda la tierra está en paz. La región a la que llamamos Oriente Medio está, y siempre ha estado, llena de paz. Toda África está abrazada por la paz. El planeta entero está envuelto en paz. Simplemente retira a todos los humanos de cualquier ambiente destrozado por la guerra o lleno de conflictos y lo que será inmediatamente evidente será la inmensa paz que siempre está presente.

Es un tremendo error de percepción suponer que tenemos que crear la paz. No tenemos que *crear* paz; tenemos que ser conscientes de las condiciones en nuestra experiencia humana actual que ocultan la paz que ya existe. La paz es algo que está dado. La paz ya forma parte de la resonancia vibracional de la creación, y lo que ya ha sido creado no necesita volver a ser creado.

Tomar conciencia deshace

Puesto que la paz es algo dado, no podemos, mediante la manipulación física y mental («haciendo» cosas), trasformar una experiencia existente en una experiencia pacífica, amorosa y dichosa. Eso sería como intentar mojar el agua.

Nuestra tarea es traer *conciencia* a lo que hay en nuestra experiencia actual que está impidiendo que seamos conscientes de la paz que está siempre presente. Tomar conciencia de este error de percepción (la suposición errada de que debemos crear la paz) trasforma nuestra experiencia, de manera que podemos ser vulnerables al hecho de darnos cuenta, sin esfuerzo, de que la paz ya existe.

Lograr esta trasformación no requiere más «hacer». Requiere deshacer o «no hacer». Al darnos cuenta del aprieto lleno de conflictos y de percepciones erróneas en que nos encontramos y al percibir los mecanismos que nos llevaron a esta confusión, tenemos el poder de deshacer, de desenredar y de descubrir el hechizo perceptivo que nos han echado. La historia que se está contando en este mundo (que debemos *crear* la paz) es una mentira. Es un hechizo malicioso.

Crear nuestro número

Para tener una conciencia más profunda de cómo el estado de nuestro cuerpo emocional, tal como se ha grabado en los primeros siete años de vida, se convierte en el punto causal de nuestro comportamiento actual, volvemos a entrar en la escala de tiempo de la ilustración que hemos estado utilizando en relación con nuestro viaje desde la infancia hasta la edad adulta. En esta ocasión, mientras avanzamos por la ilustración, observamos desde un punto de vista distinto la experiencia que se desarrolla. No estamos examinando lo que se ha grabado. En lugar de eso, estamos observando nuestro movimiento *de la presencia a la simulación*, y fijándonos en las consecuencias que esto tiene en nuestro comportamiento en general.

Empezamos regresando a nuestra experiencia como un niño o una niña de seis años, justo antes del divorcio de nuestros padres.

Una mañana, mientras estamos jugando en el recibidor de nuestra casa, vemos que llegan unos visitantes. Debido a la incapacidad de nuestros padres de ver cualquier cosa que no sean sus experiencias no resueltas reflejadas mutuamente, nuestra casa está saturada de una pesadez emocional. La visión de unos visitantes es un cambio que es bienvenido en ese ambiente. ¡Estamos encantados! En consecuencia, damos saltos mientras cantamos en voz alta: «¡Visitas! ¡Visitas! ¡Tenemos visitas!». Bailamos por toda la casa jubilosos, cantando nuestra alegre canción.

Como reacción a nuestra espontaneidad, nuestros padres gritan: «¡Cállate y compórtate! ¿No ves que están llegando las visitas?».

En consecuencia, cuando los visitantes entran por la puerta principal, nos quedamos quietos como una estatua, reprimiendo nuestra energía, apenas moviendo un dedo del pie. «Y éste es nuestro hijo», dicen nuestros padres, señalando hacia nosotros.

«¡Ah!», exclaman las visitas. «Qué *bien te portas*». Se inclinan hacia adelante y nos acarician la cabeza como si fuéramos un perro; luego, miran a nuestros padres y dicen: «¿No es una bendición tener un niño que se porta tan bien?».

Ésta es, posiblemente, toda la atención que hemos recibido en todo el día, o quizás en toda la semana, y la recibimos *por comportarnos de una forma poco auténtica*.

Este comportamiento es *seguro*: recordamos eso. Tomamos nota de ese momento. Archivamos este «número» particular al que ellos denominan «buen comportamiento» en la sección favorable de la memoria. Hizo que se fijaran en nosotros y que nos sintiéramos especiales y apreciados. En ese momento, nuestra esencia auténtica se retira un poco y se desliza hacia lo invisible.

Experimentamos un cambio gradual de la *presencia* a la *simulación*.

A partir de ese momento, nuestra alegría espontánea desencadena el recuerdo energético grabado de una reprimenda: una resonancia que nos lleva a dar por sentado que no somos aceptados, del mismo modo que nos lleva a dar por sentado que no estamos a salvo.

A partir de ese momento, para sentirnos seguros y ser vistos, realizamos de buena gana nuestro número de «buen comportamiento». Lo volvemos a representar cada vez que sentimos que surge en nuestro interior la misma resonancia de la alegría.

Mediante casos como éste, nace nuestro comportamiento reactivo y se plantan las semillas de nuestro comportamiento calculado, pretencioso y adulto. Ahora, nuestro futuro contiene la promesa de que nosotros seremos una «buena persona»: una persona que dice «no» cuando quiere decir «sí», y «sí» cuando quiere decir «no».

No se puede confiar en las «buenas personas», porque dicen y hacen cualquier cosa para sentirse seguras y para ser aceptadas.

Convertirnos en una persona «guay»

Ahora avanzamos por esta línea cronológica hasta aproximadamente dos años después de la pubertad. Tenemos dieciséis años. Ya no percibimos la sexualidad como una intrusión repulsiva; ahora nos atrae como un poderoso imán.

Un día, estando en el vestíbulo de la escuela, vemos a una persona que vive en la misma calle que nosotros. Su presencia física provoca algo extraño y completamente inesperado en todo nuestro ser. Cada vez que la vemos, queremos bailar y cantar una canción que declare: «Siempre que te veo, ¡me siento tan raro que me duele! ¡Pero me encanta ese dolor y no puedo dejar de mirarte!».

Sin embargo, cuando surge esta energía espontánea, nuestro archivador inconsciente nos informa de que en ese momento debemos buscar seguridad y reconocimiento, no vulnerabilidad y el potencial de pasar vergüenza.

De acuerdo con las instrucciones que vienen con esos archivos, debemos representar nuestro número. Cuando esa persona pasa junto a nosotros, la miramos de reojo y apenas movemos los dedos de nuestra mano derecha para saludarla. «Hola», decimos en voz baja, con un tono monótono calculado, e inmediatamente seguimos nuestro camino. Puesto que nuestro comportamiento auténtico está profundamente reprimido, nos hemos convertido en una de las personas «guay» del colegio.

Aproximadamente una semana después de este incidente, estamos en la parte delantera de nuestra casa, sintiéndonos aburridos y distraídos. Para nuestra sorpresa, vemos a esa persona caminando por el sendero que lleva a nuestra puerta principal. Nuestro corazón da un salto hacia la vida y la sangre empieza a ser bombeada a todas las zonas de nuestro cuerpo. Queremos dar saltos y bailar por el sendero declarando: «¡Vienes a verme! ¡A mí, a mí, a mí! ¡Soy el elegido! ¡Vienes a verme a mí!». Pero no lo hacemos. Ahora somos incapaces de ser auténticos. El comportamiento espontáneo no nos parece seguro o aceptable.

En consecuencia, iniciamos nuestro número. Abrimos la puerta y decimos fríamente: «Hey, ¿qué tal? ¿Quieres pasar?». Afortunadamente, esta persona está igualmente reprimida y, por lo tanto, se siente atraída por esa resonancia que hay en nuestro interior. Se siente cómoda en compañía de gente «guay».

Resistencia, fricción y calor

Cuando cumplimos veintiún años y entramos oficialmente en el mundo adulto, no tenemos prácticamente ninguna conciencia del cuerpo emocional.

Ahora sólo usamos nuestro cuerpo emocional para el drama. A menudo nos disgustamos y creemos que las causas de nuestros disgustos son los acontecimientos casuales que ocurren en nuestra experiencia externa. Percibimos nuestra experiencia de vida como algo que nos está pasando *a* nosotros y como algo que debemos superar. Nos hemos convertido en la víctima y el vencedor.

Este comportamiento nos parece normal porque prácticamente todas las personas en nuestra experiencia en la tierra culpan a alguien o algo cuando los acontecimientos y las circunstancias no van tal como estaba planeado: es decir, no van de acuerdo con la *historia* que estamos contando.

Lo que no somos capaces de percibir es que, a estas alturas de nuestra experiencia, nuestro cuerpo emocional está sintiendo un gran malestar. Ya no es un cuerpo de energía-en-movimiento. Ahora es mayormente un cuerpo de energía-sin-movimiento.

Las semillas plantadas durante la grabación emocional en los primeros siete años de nuestra vida se están cosechando ahora en forma de una creciente confusión mental y malestar físico.

No podemos percibir que en el momento en que empezamos a resistirnos a nuestro comportamiento auténtico y nos convertimos en un niño que se portaba bien delante de las visitas (en lugar de la presencia jubilosa, cantora y radiante del universo que habíamos estado expresando justo antes de que llegaran), cambiamos la forma en que la energía fluye por nuestro cuerpo emocional. Nos resistimos a su auténtica naturaleza.

Algo está muerto

Mientras viajamos de la infancia hasta la edad adulta, pasando por los años de la adolescencia, nos comportamos constantemente de una forma poco auténtica con la finalidad de mantenernos «a salvo» y gustar. O tenemos comportamientos rebeldes, lo cual hace que nos metamos en problemas y no gustemos. O somos «invisibles».

Cualquier comportamiento que usemos para estar a salvo en nuestro viaje desde la infancia hasta la edad adulta es poco auténtico y es reactivo. Cuando llegamos a ser adultos, estamos recreando esto constantemente: resistiéndonos a nuestros impulsos espontáneos con actos calculados. Esto se convierte en algo tan natural para nosotros que no somos capaces de percibir que lo hacemos.

Un «adulto» es una actuación, es un niño resistiéndose.

Cuando nos frotamos las manos y simultáneamente presionamos fuertemente una contra la otra para aumentar la resistencia al frotarnos, la fricción que surge entre ellas hace que el calor aumente. Eso es exactamente lo que ocurre con nuestro cuerpo emocional cuando nos resistimos a nuestro comportamiento auténtico. Entramos en la resistencia, la cual provoca fricción, la cual, a su vez, provoca un aumento del calor.

Dado que esta forma de resistencia continua causa un incremento constante del calor dentro de nuestro cuerpo emocional, nos sentimos cada vez más incómodos. Sin embargo, no lo sentimos directamente. Esto se debe a que, al hacer este viaje hacia la edad adulta, simultáneamente cerramos nuestra conciencia del cuerpo emocional, nuestra capacidad de sentir.

Inicialmente, empezamos cerrando nuestra conciencia del cuerpo emocional al resistirnos a nuestra energía espontánea en movimiento. Aprendemos a resistirnos a nuestros sentimientos auténticos quedándonos quietos, metafóricamente, moviendo sólo un dedo del pie, cuando lo que nos gustaría es dar saltos de alegría.

No reaccionamos directamente a la acumulación de calor provocada por esta represión inicial, pero sí le prestamos atención indirectamente. Puesto que en la escuela nos enseñan el arte de la magia, usamos las palabras que aprendemos a escribir con la finalidad de poner nombre a las diferentes resonancias de nuestro malestar emocional interior. Las llamamos miedo, ira y tristeza. Utilizamos estas palabras para trasformar nuestra relación con esos sentimientos molestos de calor del cuerpo emocional en algo conceptual.

Luego doblamos la resistencia a esta agitación emocional interna reprimiendo cualquier encuentro con las experiencias energéticas asociadas a estos conceptos mentales. Reprimimos toda percepción interior de nuestro miedo, nuestra ira y nuestra tristeza, hasta que la única prueba de su existencia es el caos y el conflicto que percibimos que está teniendo lugar «fuera de nosotros».

Cuando ya somos adultos, somos alérgicos a sentir el estado auténtico de nuestro cuerpo emocional y hemos exteriorizado cualquier evidencia de este estado en las actividades que parecen estar ocurriendo *ahí fuera*, o *a* nosotros.

Cuando ya somos adultos, nos resulta casi imposible percibir que nuestro malestar está teniendo lugar *debido a nosotros*.

Cuando ya somos adultos, algo acerca de nuestra experiencia está muerto.

Sin un entendimiento profundo

Sin una conciencia del cuerpo emocional, ya no tenemos *un entendimiento profundo*. El entendimiento profundo es la capacidad de ver con los ojos del corazón.

Esta falta de entendimiento profundo es lo que impide cualquier percepción de nuestro malestar interior. Anula nuestra capacidad de percibir de dónde viene ese malestar. Y anula nuestra capacidad de percibir que nuestro malestar exterior es un reflejo de un estado interior.

Este estado interior luego se filtra hacia afuera, imperceptiblemente, y entra en el Camino de la Conciencia. Irradia desde el interior de nuestro cuerpo emocional hacia nuestras formas de pensamiento, contaminando nuestra actividad mental. Y después, se hace evidente en nuestros rasgos de comportamiento, en el estado de nuestro cuerpo y en forma de hechos y circunstancias recurrentes en nuestra vida que parecen sabotear deliberadamente nuestros planes.

Puesto que no tenemos conciencia del cuerpo emocional (la capacidad de percibir la energía en movimiento), no podemos atar cabos. No somos capaces de percibir que el malestar que se está manifestando en nuestras experiencias externas está íntimamente relacionado con el estado interior de nuestro cuerpo emocional. Parece como si esas circunstancias externas se estuvieran desarrollando al azar, caótica e injustamente.

Cuando ya no tenemos un *entendimiento profundo*, sólo somos capaces de percibir nuestra experiencia de vida como algo que está ocurriendo *afuera*. Nuestra vida se pone «al revés». Por lo tanto, vivimos hacia atrás, nos volvemos maliciosos. Y lo que se interpone entre este estado y el que nosotros podamos percibirlo se denomina un «velo».

Hay una relación interesante entre las palabras *live*, *evil* y *veil*.*

---

* Las palabras en inglés *live*, *evil* y *veil* significan «vivir», «malicioso» y «velo», respectivamente. (*N. de la T.*)

Aumentando el calor

Hay muchos, muchos casos desparramados por nuestra infancia en los que recurríamos a la resistencia como un medio para sentirnos seguros y reconocidos. Ahora que somos un adulto joven, nuestro cuerpo emocional está lleno de resistencia, mientras que nuestro comportamiento externo está contaminado con actos reactivos y calculados. En consecuencia, nuestro cuerpo emocional está ardiendo de calor.

Sin embargo, puesto que no tenemos un entendimiento profundo, no somos capaces de percibir esto, y mucho menos de tener conciencia alguna del punto causal de esta experiencia. Todos sabemos que a veces nos sentimos como si fuéramos a «estallar» o que debemos «tener la cabeza fría».

El niño pequeño que se portaba bien se convirtió en el adolescente guay, y el adolescente guay se convirtió en el adulto buena persona, y este problema nos está volviendo locos. En consecuencia, a lo largo de los años, desarrollamos comportamientos que nos ayudan a *compensar* por este malestar interior invisible pero que, al mismo tiempo, lo envuelve todo. Ni siquiera sabemos qué es lo que estamos compensando. Dado que nuestro cuerpo emocional es el punto causal de nuestra experiencia, y dado que está cerrado y, por lo tanto, es inconsciente para nosotros, la mayor parte de los motivos por los que hacemos lo que hacemos son inconscientes para nosotros.

Los comportamientos que desarrollamos inconscientemente para compensar nuestro malestar son nuestro medio de sedación y control. Recurrimos a esos comportamientos porque nadie puede ayudarnos con nuestro estado interior. ¿Cómo podría alguien ayudarnos con un problema que es invisible para la mayoría de la población de la tierra? Nadie puede ayudarnos porque solamente aquellos que se dan cuenta de lo que les está ocurriendo pueden verter luz sobre lo que nos está pasando.

Cuando estas energías espontáneas surgen dentro de nuestro cuerpo emocional, ya no las percibimos como júbilo. Ahora, inconscientemente, esperamos la posibilidad de una reprimenda y de pasar vergüenza. Nos sentimos expuestos y poco seguros. Tenemos miedo.

En lugar de júbilo, ahora llamamos «miedo» a esta misma incidencia energética, y la frustración por no ser capaces de comportarnos de una forma auténtica hace que lo llamemos «ira». Además, la pena de la pérdida de nuestra naturaleza juguetona hace que la llamemos «tristeza».

Sin embargo, éstos no son más que conceptos: etiquetas mentales que se dan a la energía reprimida dentro de nuestro cuerpo emocional. No hay ningún miedo, o ira o tristeza. Sólo hay energía que no está en movimiento, que está provocando calor, calor y más calor.

Calentamiento global.

«ME *ALEGRO* DE VEROS»

6

Volvamos a nuestra ilustración, a nuestra línea cronológica que va desde la infancia hasta la edad adulta. Ahora, vamos a dar un salto desde la experiencia de un adolescente guay a un joven profesional ambicioso.

Entramos en nuestra experiencia como un adulto joven y trabajador, justo antes de *no* haber recibido ese ascenso.

Como joven profesional, hemos estado ganando dinero de verdad por primera vez en nuestra vida. En consecuencia, hemos adquirido un piso y hemos empezado a comprarnos cosas. No es divertido comprarte cosas si no tienes a quién mostrárselas, de modo que invitamos a gente de la oficina para que vengan a casa y admiren nuestras adquisiciones.

Mientras se acerca esa noche, y nuestros amigos están apunto de llegar, empezamos a sentirnos jubilosos. No obstante, ese sentimiento de alegría ahora nos parece ansiedad; aprensión y nerviosismo. *Anxiety* es una palabra interesante: contiene la frase *any exit.**

Si tenemos alguna relación con nuestro niño (o niña) interior, nos damos cuenta de que nuestro corazón anhela bailar por el pasillo de nuestro nuevo piso, cantando: «Ya llegan, mis amigos del trabajo, ¡que vienen a ver mis cosas! ¡Vienen a ver todas mis cosas nuevas!».

---

* En inglés, *anxiety* significa «ansiedad» y *any exit* significa «cualquier salida». (*N. de la T.*)

Sin embargo, ni siquiera nos damos cuenta de que estamos jubilosos. En lugar de eso, mientras nuestras visitas llegan y caminan hacia nuestro piso, inconscientemente asociamos este estado energético que está surgiendo con la signatura emocional que se grabó en nosotros en la infancia, cuando recibimos una reprimenda por habernos «portado mal». Por lo tanto, recurrimos al número que fue reconocido y apreciado entonces. Abrimos la puerta con calma y decimos: «Buenas noches, me alegro de veros. Pasad y poneos cómodos».

La automedicación

Ahora que somos un adulto, hemos adoptado comportamientos apropiados y aceptables en los que podemos apoyarnos para sedar y camuflar nuestro estado de ansiedad emergente. El mundo adulto, claramente, ha modelado para nosotros la forma de reaccionar a nuestra ansiedad:

- Si la energía jubilosa intenta salir a la superficie, la *sedamos.*
- Si la energía jubilosa surge y llega a salirse de su caja, hacemos todo lo que podemos para *controlarla.*

El mundo adulto nos ha proporcionado medios aceptables para conseguir la sedación y el control: alcohol y cigarrillos. Si la ansiedad aparece y queremos sedarla, podemos servirnos una copa. Si esta energía nerviosa escapa a nuestro control y no sabemos qué nos está ocurriendo, podemos encender un cigarrillo. Entonces, al menos sabemos qué está ocurriendo: estamos fumando un cigarrillo. Hemos recuperado el control. Sedar y controlar nuestro cuerpo emocional también se denomina «automedicación».

Otras actividades que pueden utilizarse como comportamientos de automedicación incluyen comer, tener relaciones sexuales, trabajar, hablar, dormir, mirar la tele, jugar al golf, hacer ejercicio, las prácticas espirituales, asistir a reuniones de grupo, la religión, la heroína y la política. La automedicación incluye cualquier actividad que usemos consciente e inconscientemente para evitar sentir lo que estamos sintiendo en ese momento. Estos comportamientos se pasan como un testigo, mediante la grabación y el ejemplo, de un miembro de la raza humana a otro.

Un buen hospital

Cuando nuestros amigos de la oficina entran en nuestro piso, les invitamos a una copa y, quizás, a disfrutar de un cigarrillo. Puesto que es muy probable que ellos también se estén sintiendo jubilosos, pero que sean incapaces de expresarlo (y esta resistencia dentro de ellos está causando fricción y la consecuente acumulación de calor), ellos aprecian nuestra generosa hospitalidad.

Al poco rato nos reunimos alrededor de la mesa y comemos alimentos. Esto también ayuda a aumentar nuestro arsenal de evasión y distracción. A medida que la noche avanza, continuamos teniendo todo tipo de comportamientos de sedación y de control que sean requeridos para hacer que el rato que pasemos juntos sea «agradable»: un postre delicioso, un café, un cigarrillo y un brandy. Proporcionar los medios para que nuestras visitas se automediquen para sedar y controlar su malestar interior se denomina una «buena *hospital*-idad».

Si ahora somos parte del *grupo guay*, podemos fumarnos un canuto juntos. La marihuana es sumamente eficaz para calmar la ansiedad porque combina la sedación y el control. En lo que respecta a las herramientas de automedicación, la marihuana es difícil de igualar. Una vez que estamos colocados, podemos debatir convincentemente sobre temas como la paz en la tierra y asuntos de importancia espiritual.

Dado que la marihuana es tan eficaz para acabar con toda la conciencia auténtica del estado de nuestro cuerpo emocional, nos permite creer realmente que somos personas amantes de la paz. Puesto que abre artificial y temporalmente nuestro sistema de energía y nos proporciona una sensación de movimiento y efusividad sin tener que integrar conscientemente nuestros bloqueos emocionales, nos permite sentir que estamos teniendo algún tipo de experiencia espiritual. Sin embargo, nada de esto es auténtico. Para los que sólo experimentan estos estado a través del consumo de marihuana, estos estado *sólo* están a su alcance mediante su consumo.

Un adulto «normal»

La continua automedicación de una forma u otra es nuestra situación cuando somos un adulto «normal».

Hemos sedado y controlado con éxito toda conciencia de nuestro cuerpo emocional. Hemos abandonado completamente el estado de presencia y entrado totalmente en el estado de simulación. Mantenemos esta farsa con nuestros medicamentos y nuestros rituales de evasión.

Lo gracioso es que no tenemos absolutamente ninguna idea siquiera de que nos encontramos en esta situación. ¿Cómo podríamos tenerla? No tenemos ningún entendimiento profundo del aspecto causal de nuestra experiencia y, por lo tanto, no podemos percibir que estamos completamente faltos de integridad.

Estamos haciendo cualquier cosa para aparentar ser lo más agradables posible y para pasar un rato lo más humanamente agradable posible.

Como todos los demás, estamos esforzándonos para destacar en la búsqueda de la felicidad. Sólo los demás parecen tener un problema. Nosotros no somos *adictos* ni nada parecido. La adicción es una enfermedad que sólo afecta a los ciudadanos débiles, perdidos y caprichosos de los barrios marginales.

En realidad, nosotros no somos adictos. Simplemente estamos tomándonos una copa mientras socializamos con nuestros amigos.

Las adicciones

La realidad de nuestra situación es que si somos un adulto que vive en la tierra tal como está ahora, hemos entrado plenamente en la experiencia de la adicción.

Podemos decirnos que los adictos son esa gente rota o esos perdedores que viven al otro lado de la ciudad, o que son esas personas que tienen que acudir a reuniones semanales. Esto se debe, únicamente, a que hemos entrado en la negación al aceptar la percepción actual, convenientemente apropiada, de lo que es la adicción.

El éxito y la adicción no se llevan bien, nos dice el mundo adulto. De manera que, como personas de éxito que somos, o aspirantes a tener éxito, debemos colocar la realidad de las adicciones lo más lejos posible de nuestra experiencia actual.

Incluso si somos adictos al alcohol, los cigarrillos o la marihuana, podemos vivir en el engaño de que cuando superemos *estos* comportamientos adictivos evidentes, dejaremos de ser adictos. La historia que podemos contarnos es que, una vez que hayamos superado estos hábitos, volveremos a ser aceptables en nuestra sociedad.

Sin embargo, cuando damos los pasos necesarios para limpiar nuestra experiencia de vida de estos rasgos adictivos evidentes, invariablemente nos damos cuenta de que esos comportamientos obvios de la superficie son apenas la punta del iceberg de la adicción:

- Somos adictos a decir «sí» cuando queremos decir «no», y a decir «no» cuando queremos decir «sí».
- Somos adictos a reaccionar, adictos a los actos falsos, de impulso emocional, que realizamos cada vez que necesitamos sentirnos seguros y aceptados.
- Somos adictos a ser «simpáticos».
- Somos adictos a la comida, el sexo y el trabajo.
- Somos adictos a comportarnos como si el efecto fuera la causa.
- Somos adictos a comportarnos hacia atrás.

Luego están las adicciones más sutiles, difíciles de percibir, como la adicción a la electricidad y a la comida cocinada. Si entramos en una experiencia en la que no hay absolutamente nada de electricidad durante unos días, empezamos a exhibir los mismos síntomas del síndrome de abstinencia que tendría cualquier drogadicto. Cuando se nos priva de la electricidad y de la comida cocinada, empezamos a exhibir síntomas similares al del resfriado común y la gripe. Nuestros pensamientos se vuelven confusos y nuestro estado emocional se vuelve auténtico.

El estado auténtico del cuerpo emocional de un adulto normal es que está lleno de miedo, ira y tristeza reprimidos.

La adicción es falta de autenticidad

Cuando somos un adulto normal, no hay nada que temamos más que nuestro estado emocional auténtico: el miedo, la ira y la tristeza que hemos reprimido. Decimos y hacemos cualquier cosa para sedarlos y controlarlos para que permanezcan fuera de nuestra conciencia.

Sin embargo, ¿qué es una adicción? La fonética de la palabra contiene una revelación sobre este estado, así como las claves para liberarnos de él. ¿Qué es nuestra «dicción»?

Es la forma en que hablamos, nuestra manera de expresarnos verbalmente.

Cuando somos incapaces de decir nuestra verdad, incapaces de expresarnos con autenticidad, en cuanto se nos pide que lo hagamos, *añadimos* algo para reemplazar nuestra incapacidad para iniciar una *dicción* auténtica. Esta adicción, sea cual fuere, se convierte en nuestra adicción. *Add + dicction = addiction.*

En cuanto somos capaces de expresarnos con autenticidad, ahí es cuando nos liberamos de las trampas de esta experiencia poco auténtica. Para lograr esto es necesario crecer emocionalmente. En cuando somos capaces de apoyarnos en nosotros mismos emocionalmente, entonces ya no necesitamos apoyarnos en nuestras muletas.

Cualquier comportamiento al que recurrimos para evitar sentir lo que realmente estamos sintiendo en cualquier momento dado es una adicción. Cualquier camino que transitemos que nos devuelva a la autenticidad nos liberará gradualmente de este hechizo.

La crisis de los cuarenta

Hubo una época en nuestra experiencia como especie humana en la que, durante la mayor parte de nuestras vidas, podíamos reprimir nuestra conciencia del estado de nuestro cuerpo emocional. Este esfuerzo por vivir en un estado de absoluta autonegación, manteniéndonos completamente sedados y controlados, se denomina «la búsqueda de la felicidad».

Tradicionalmente, durante la mayor parte de nuestra experiencia humana, hemos sido capaces de enterrar nuestro malestar interior mediante la búsqueda de la felicidad. Bajo esas circunstancias, es únicamente cuando nos acercamos al momento de nuestra muerte cuando la verdad de nuestro estado emocional empieza a salir a la superficie; de ahí nuestro profundo temor a la muerte.

Incluso en medio de nuestra incesante búsqueda de la felicidad, en algún momento el universo intentará ayudarnos desencadenando una conciencia de nuestra confusión interior. Tradicionalmente, este hecho desencadenante tenía lugar entre las edades de cuarenta y sesenta años. Repentinamente, sin ningún motivo aparente, experimentábamos un despertar impactante cuando el verdadero estado de nuestro cuerpo emocional comenzaba a salir a la superficie de una forma incontrolable, entrando en nuestra conciencia.

Cuando esto ocurría, empezábamos a darnos cuenta de que toda nuestra vida carecía de autenticidad y que, después de todo, no era lo que realmente queríamos. Antes bien, era una máscara pretenciosa que nos poníamos para esconder aquello que temíamos: un acto artificial para atraer el reconocimiento que sentíamos que no habíamos recibido de nuestros padres.

Esta conciencia que salía a la superficie surgía del interior de nuestro cuerpo emocional y era, en realidad, un intento del cuerpo emocional de liberarse de su encarcelación energética. Dado que la edad de nuestro cuerpo emocional se había atrofiado entre las edades de siete y catorce años, reaccionábamos a esta conciencia emergente de una forma inmadura (por ejemplo, comprando un coche deportivo de color rojo, encontrando un modelo más joven de nuestra esposa para que se sentara en el asiento del copiloto y conduciendo hasta la puesta de sol).

Esta súbita conciencia de nuestro verdadero estado emocional en medio de nuestra continua búsqueda de la felicidad se conoce tradicionalmente como la crisis de los cuarenta.

Síntomas

Ahora ya no nos damos el lujo de esperar que una crisis de los cuarenta nos alerte del estado no integrado de nuestro cuerpo emocional. La vida en la tierra tal como la experimentamos ahora mismo *es* una crisis de los cuarenta.

Ahora, nuestra crisis de los cuarenta, que se está desarrollando colectivamente, es evidente como la siempre creciente aparición de unos síntomas humanos sumamente incómodos.

La palabra *symptom* se describe a sí misma fonéticamente: se lee como «*some time*»*. Un síntoma es la evidencia externa de una experiencia interna basada en el tiempo (*some time*) que no está integrada, al tal punto que la expresión energética de nuestra agitación emocional se exhibe externamente a través de la confusión mental y el malestar físico.

Todo, desde el cáncer hasta la delincuencia, desde los conflictos sociales hasta la inestabilidad mental, desde las relaciones rotas hasta el comportamiento espiritual pretencioso, desde la adicción a las drogas hasta la fascinación con la tecnología, es un síntoma que refleja un desequilibrio del cuerpo emocional.

---

* En inglés, *symptom* significa «síntoma» y *some time* significa «en algún momento». (*N. de la T.*)

Los síntomas nos muestran a través de la *visión exterior* lo que ya no somos capaces de percibir mediante la *visión interior*. Todos los síntomas mentales y físicos que se inician después del nacimiento son manifestaciones externas de un cuerpo emocional en crisis.

Ahora hemos llegado al punto en el orden cronológico de nuestra dramatización ilustrativa en el que hemos entrado plenamente en el mundo del adulto. Nuestra experiencia de vida es un síntoma. Hay millones y millones de personas que son exactamente como nosotros, que viven sin tener absolutamente ninguna conciencia del estado de su cuerpo emocional, y sus vidas son un síntoma de esta falta de conciencia.

Y, ¿a quién le pedimos ayuda? Cuando fallamos en nuestros intentos personales de automedicarnos, invariablemente buscamos la ayuda de otra persona, especialmente de las que tienen títulos que cuelgan de sus paredes o una gran imaginación. Así pues, nos exponemos a sus comportamientos de automedicación probados y comprobados, tanto si son farmacéuticos como si son filosofías de la Nueva Era.

Una de las principales causas de muerte en Estados Unidos es el tratamiento médico. Esto se debe a que los profesionales de la salud a los que recurrimos simplemente son tan poco conscientes del estado de su propio cuerpo emocional como nosotros. En consecuencia, sólo pueden reaccionar a nuestros ruegos de ayuda de la misma manera en que se sedan y se controlan a sí mismos.

UN PARADIGMA BASADO
EN EL TIEMPO

7

Cuando oímos hablar por primera vez sobre el estado del ser llamado conciencia del momento presente, intentamos iniciarlo realizando ajustes físicos en nuestra experiencia de vida.

Puesto que nuestra atención está absorta en el aspecto físico de nuestra experiencia, damos por sentado que algo fuera de nosotros, como el tiempo del reloj, es el culpable de habernos llevado a la prisión perpetua de vivir en un paradigma basado en el tiempo. De modo que nos quitamos el reloj para estar «en el momento» y no ser esclavos de la dictadura de la hora del día.

Ésta es una comprensión errónea. No es el reloj, sino las experiencias no integradas dentro de nuestro cuerpo emocional en los primeros siete años de nuestra vida, lo que nos arrastra hasta un paradigma basado en el tiempo.

Impulsados por la intención de averiguar qué ocurrió e intentar impedir que, sea lo que fuere, vuelva a ocurrir, estos momentos iniciales de tiempo no integrado inconscientemente tiran de nuestra atención. El hecho de intentar averiguar qué ocurrió nos introduce en un paradigma perceptivo que se convierte en nuestro *pasado*. Intentar averiguar cómo impedir que lo que ocurrió vuelva a ocurrir nos introduce en un paradigma perceptivo que se convierte en nuestro *futuro potencial*.

Este comportamiento constante, que es gobernado desde el interior del punto causal de la calidad de nuestra experiencia, el cuerpo emocional, es el gancho que nos mantiene dentro de la experiencia perceptiva a la que llamamos un paradigma basado en el tiempo. Este gancho se conoce también en los círculos chamánicos como «punto de unión».

Una conciencia anclada en lo físico

Cuando ya somos adultos, exhibimos síntomas de estar mentalmente confinados en un paradigma basado en el tiempo. Cómo interactuamos con esos síntomas revela nuestro estado de conciencia.

Para demostrar esto, vamos a examinar un ejemplo extremo como es que te diagnostiquen una enfermedad terminal como el cáncer. Cuando nuestra conciencia está anclada principalmente en lo físico, estamos tan absolutamente hipnotizados físicamente por nuestra experiencia que nuestro enfoque de un diagnóstico como ése está enteramente basado en lo físico. Intentamos hacer que nuestro cuerpo físico sea sedado, controlado, cortado, irradiado y drogado. Desde este punto de vista perceptivo, nos comportamos como si eliminar toda evidencia física de la enfermedad de nuestra conciencia fuese a curarla.

Los accidentes, las adicciones y las enfermedades forman una trinidad de consecuencias resultantes de comportamientos inconscientes que emanan del estado colectivo, no integrado, del cuerpo emocional.

Si los médicos realmente tuvieran la capacidad de eliminar la raíz de los accidentes, las adicciones y las enfermedades, sólo necesitaríamos unos pocos en el planeta y prácticamente nadie requeriría sus servicios.

Una conciencia anclada en lo mental

Cuando nuestra conciencia se expande ligeramente, es posible que atraigamos a un médico que, después de diagnosticarnos un cáncer, nos diga: «Quizás quieras hablar con alguien acerca de esto».

Este enfoque surge de la conciencia de que nuestro estado físico está conectado de alguna manera a nuestro estado mental.

Al seguir esta recomendación, es posible que escojamos ver a un terapeuta. No obstante, si creemos durante un instante que hablar puede producir una modificación real y duradera de la calidad de nuestra experiencia, es posible que queramos descubrir por qué la palabra *therapist* se escribe «*the rapist*».[*]

Si hablando se consiguiera verdaderamente algo, la población de la tierra ya estaría en paz y todo el mundo estaría feliz y sano.

Cuando estamos pagando para hablar con alguien, tenemos que asegurarnos de que tenemos algo importante que decir. Debemos tener una buena historia. Cuanto más nos sentemos y le contemos a alguien lo que *creemos* que nos ocurrió, y lo que eso significa para nosotros, más historias estaremos contando. Nos convertiremos en la serpiente que se muerde la cola.

Esas historias son todas interpretaciones mentales de un estado emocional, y cualquier interpretación mental de un estado emocional es la puerta que nos conduce a una interpretación absolutamente errónea.

Cuando alguien a quien le estamos pagando, que está cualificado tras haber estudiado durante años y tiene unos títulos impresionantes en la pared, afirma la realidad de nuestras historias, tenemos un motivo para creer que son ciertas, ¡incluso si las hemos inventado! En cuanto nos creemos esas historias, perceptivamente somos prisioneros de ellas.

Si la terapia tradicional tuviera la capacidad de modificar el punto causal de la calidad de nuestra experiencia, nadie se pasaría años y años sentado delante de un terapeuta sin que hubiera ningún final a la vista.

Visitar a un terapeuta para buscar alivio es la adicción de una cultura mental.

---

[*] En inglés, *therapist* significa «terapeuta», y si dividimos la palabra en dos obtenemos *the rapist*, que significa «el violador». (*N. de la T.*)

Mala fama

Los médicos y los terapeutas tradicionales tienen mala fama porque vamos a verlos por los motivos erróneos. Cuando contratamos sus servicios, nuestra finalidad es lo que imposibilita que ellos hagan lo que han sido formados para hacer.

Un médico es el maestro del trauma físico, mientras que un terapeuta tradicional es el maestro de la construcción mental. Sin embargo, ni el trauma físico ni la construcción mental son causales. Son síntomas, efectos. Los médicos y los terapeutas tradicionales tienen la capacidad de sedar y controlar los efectos, pero no de modificar las causas.

Si nos atropella un coche, no sirve de nada que nos lleven a ver a un maestro del reiki, ni a un experto en aromaterapia o a un acupuntor. Tienen que llevarnos a que nos vea un médico. Un médico sabe cómo reparar los aspectos físicos del trauma de nuestro cuerpo.

Sin embargo, si tenemos un cáncer terminal y nuestros síntomas todavía no han llegado al punto en que estamos por perder nuestro cuerpo físico, ciertamente sería poco inteligente esperar que un médico nos «cure». Los médicos han demostrado que pueden diagnosticar el cáncer, de la misma manera que han demostrado que no pueden curarlo. Si tuvieran la capacidad de curarlo, ¿por qué las personas siguen teniendo este síntoma?

Además, a menos que pidamos específicamente una terapia para calmar e identificar nuestros procesos mentales, si nos han diagnosticado una enfermedad terminal no deberíamos acercarnos a un terapeuta tradicional. Si hablar de la enfermedad o de nuestra experiencia con ella fuese a tener algún impacto real en nuestro estado, a estas alturas la familia humana tendría actualmente una salud suprema.

La ignorancia trafica con drogas

Si acudimos a ver a alguien que no tiene la capacidad de realizar un verdadero ajuste en el punto causal de nuestra experiencia, debido a su arrogancia tampoco tendrá la capacidad de decirnos la verdad: ¡que no tiene ni idea de qué es lo que debe hacer!

En lugar de eso, los médicos hacen lo que todos los demás están haciendo, lo que les han enseñado a hacer, o lo que se están haciendo a sí mismos en la actualidad. Tanto los médicos como los terapeutas que han tenido una formación dentro de la medicina, cuando se enfrentan a sus limitaciones inherentes, reaccionan instintivamente recetando medicinas.

Las medicinas matan a más gente que las drogas ilegales que se venden en la calle. No sólo eso, sino que al empezar a tomar un grupo de medicinas, a menudo uno tiene que tomar una medicación adicional en un intento de contener los efectos secundarios desencadenados por el tratamiento inicial.

Las medicinas son eficaces para sedar y controlar los síntomas, lo cual en ocasiones es necesario, pero son *ineficaces* para modificar el punto causal de una experiencia humana desequilibrada. Los medicamentos no son la cura.

Cuando se utilizan en lugar del autoexamen y en lugar de la autoexploración, los medicamentos tapan nuestra conciencia del verdadero estado del cuerpo emocional. Vistos bajo esta luz, son una adicción.

Debemos llamar a los medicamentos por su nombre: son drogas.

Cualquiera que tome estas drogas sin intentar modificar el punto causal de su estado mediante el autoexamen es un adicto que está usando estas sustancias para la sedación y el control.

A menos que miremos directamente a la cara a este lamentable estado humano y lo veamos por lo que es, seremos incapaces de hacerle frente. Cuanto más ignorante es un médico, más medicinas receta.

Participar o abandonar

Cuando nuestra percepción se expande todavía más, es posible que atraigamos a un médico que no sólo nos recomiende que hablemos con alguien, porque eso definitivamente puede sernos útil, sino que además nos pregunte: «¿Qué le está ocurriendo a nivel emocional?».

Debajo de todos los síntomas físicos molestos y los estados de confusión mental subyace *una signatura emocional*.

Actualmente hay médicos y terapeutas tradicionales que están despertando a la realidad de que, a menos que uno integre esta signatura emocional, por mucho que hablemos y por mucha manipulación física a la que nos sometamos, nuestra enfermedad tendrá un impacto en la calidad de nuestra experiencia de una forma real.

Cuando ya hemos empezado a tener serias molestias sintomáticas, el hecho de si llegamos a este punto de conciencia, o no, determina si empezamos a «participar» o a «abandonar».

Abandonar es un comportamiento que surge de una mentalidad de víctima y vencedor, que da por sentado que nuestra experiencia de vida es algo que nos está ocurriendo y que para sobrevivir a ella debemos superarla. Desde este marco de referencia, el síntoma es un enemigo que viene a hacernos daño y que debe ser eliminado a toda costa.

Participar es cuando percibimos nuestros síntomas físicos y nuestra confusión mental como aliados que han venido a mostrarnos que ya estamos sufriendo: unos aliados a los que hay que escuchar con atención con los ojos de nuestro corazón.

Una vez que hacemos esta conexión, nuestro viaje hacia la autenticidad está en plena marcha. En consecuencia, ya no nos quejamos por la compañía que tenemos o de la comida que nos estamos comiendo. Ni nos dedicamos a culpar, gritándole al camarero quejándonos de la calidad de los alimentos que están en la mesa. Nos damos cuenta de que el camarero no es quien cocina: somos nosotros.

Nos damos cuenta de que hay una cocina y de que podemos opinar sobre lo que ocurre ahí. Nos damos cuenta de que encontraremos la cocina *en el corazón* a través del despertar de nuestra percepción sentida.

Al llegar a este punto en nuestro viaje es cuando nos excusamos elegantemente, nos levantamos de la mesa y buscamos la cocina para entrar en la embriagadora experiencia de cocinar. Es en ese momento cuando nos rendimos a una iniciación que nos llevará a la integridad.

Repárame

Otras personas pueden realizar actividades físicas por nosotros. También pueden mover cosas de sitio por nosotros. Si son suficientemente fuertes, incluso pueden cargarnos y llevarnos de un sitio a otro. Debido a esto, si estamos hipnotizados por lo físico, probablemente creeremos que el comportamiento físico de otra persona, o su presencia, puede cambiar la calidad de nuestra experiencia de una forma real y duradera.

Dar esto por sentado abre la puerta a una mentalidad de víctima y vencedor. Cuando sentimos un malestar, estar hipnotizados por lo físico hace que busquemos fuera de nosotros a alguien o algo que nos «repare» mediante el impacto físico. Este error de percepción y el comportamiento que lo inicia hace que muchos de nosotros entremos en experiencias que tienen como resultado que nos marchemos.

Otras personas también pueden realizar actividades físicas por nosotros. Pueden discutir nuestros asuntos por nosotros. Pueden acudir a un juzgado y representarnos verbalmente. Debido a esto, si estamos hipnotizados por lo mental, es más probable que creamos que las palabras o los pensamientos de otra persona pueden, de alguna manera, cambiar la calidad de nuestra experiencia de una forma real y duradera.

Esta suposición también abre la puerta a la mentalidad de víctima y vencedor.

Cuando sentimos un malestar, estar hipnotizados por lo mental hace que busquemos fuera de nosotros a otra persona que nos «repare» a través de la conversación, el análisis y la comprensión.

Este error de percepción y el comportamiento que esto inicia también provoca que muchos de nosotros entremos en experiencias que acaban haciendo que nos marchemos.

Tomar el poder

Nadie puede *sentir* por nosotros. Nadie puede sentir en nuestro nombre. No podemos acercarnos a una persona y decirle: «Me voy a tomar esta semana libre. ¿Podrías sentir por mí hasta que yo regrese?». Debemos sentir por nosotros mismos.

Cada uno de nosotros es completamente responsable de sus sentimientos *porque* nadie puede sentir por nosotros. En consecuencia, somos absolutamente responsables del estado de nuestro cuerpo emocional.

Nuestro corazón es nuestra responsabilidad. Solamente los emocionalmente inmaduros ponen la responsabilidad de su corazón en manos de otra persona.

Cuando, al integrar las consecuencias del Camino de la Conciencia, nos damos cuenta de que el punto causal de la calidad de nuestra experiencia está determinado por el estado de nuestro cuerpo emocional (y que sólo nosotros tenemos la capacidad de sentir lo que es esto y, por lo tanto, de adaptarnos a ello), entonces tenemos el poder en el verdadero sentido de la palabra.

Hasta el momento en que nos damos cuenta de esto, vivimos hacia atrás, dando vueltas en círculos dentro de los confines de una prisión perceptiva invisible.

Cuando nos damos cuenta de esto, es posible que todavía necesitemos información acerca de cómo hacer ajustes en el estado actual de nuestro cuerpo emocional. A partir de ese momento, al menos somos conscientes de que nadie puede saber realmente como nosotros lo que verdaderamente nos está ocurriendo, o lo que está ocurriendo en nuestro interior.

En ese momento, también nos damos cuenta de que cualquier cosa que deba ser iniciada para devolver el equilibrio a nuestra experiencia debe ser iniciada por nosotros mismos. En el preciso instante en que nos damos cuenta de esto, lo aceptamos y nos comprometemos a asumir la plena responsabilidad de este aspecto de nuestra experiencia humana, entonces somos capaces de hacer lo que sea necesario para apuntarnos.

El momento en que empezamos a participar conscientemente es el preciso instante en que empezamos a reducir drásticamente la posibilidad de desapuntarnos inconscientemente. Es entonces cuando la expresión «Lo que sea necesario, por Dios» adquiere un significado completamente nuevo. Es entonces cuando damos el primer paso hacia la iniciación de una conversación con lo inefable.

Al aceptar la responsabilidad por el punto causal de nuestra experiencia, entramos en el viaje de la auténtica adquisición de poder. Nos estamos dando poder para acercarnos conscientemente a un encuentro con «el Yo», para entrar en una conversación con lo inefable.

El momento en que elegimos conscientemente afectar al punto causal de nuestra experiencia es también el momento en que nuestra experiencia externa deja de ser algo *que nos está ocurriendo...* y bajo esta luz, ya no «importa» tanto.

Nuestra situación

Ahora estamos llegando al final de nuestra exploración de la experiencia del ser humano absorto en lo físico. Hemos llegado a la fase de percepción llamada «el adulto».

Ésta es una forma de existir en la que estamos parcialmente ciegos a nivel de la percepción, habitualmente somos reactivos y poco auténticos, y damos tumbos por la vida siendo profundamente inconscientes del punto causal de nuestra situación: el estado de nuestro interior. En su mayor parte, no tenemos ni idea de que ésa es nuestra situación.

Vivir así parece normal cuando todo el mundo se comporta de la misma manera. La mayoría de nosotros permanece en este estado de aturdimiento y confusión durante el resto de su vida, existiendo en una silenciosa desesperación, haciendo lo mejor que puede con el limitado nivel de conciencia que tiene. Éste ha sido el destino de numerosas generaciones anteriores a la nuestra.

Hemos tratado de escapar a nuestro sufrimiento con nuestras herramientas y nuestra tecnología, imponiendo nuestra voluntad sobre el aspecto físico de nuestra experiencia. Hemos intentado escapar de nuestro sufrimiento a través de nuestros pensamientos, intentando «comprender lo que ha ocurrido» y desarrollando modelos espirituales y sistemas espirituales que pretenden liberarnos. Sin embargo, no hemos sido capaces de liberar a la humanidad porque no podemos escapar a las consecuencias del comportamiento inconsciente mediante la sedación y el control de los aspectos mentales y físicos de nuestra experiencia humana. No podemos afectar al punto causal de nuestro sufrimiento modificando sus efectos. Intentar hacer eso es de locos.

¿Cómo llega a la cordura una especie que se ha vuelto completamente loca colectivamente? Quizás la respuesta no tenga nada que ver con hacer nada *juntos*.

Un interior desatendido

Tradicionalmente, como humanos hipnotizados por lo físico, toda nuestra experiencia ha estado impulsada inconscientemente por la búsqueda del alivio del calor de nuestra agitación emocional interna. Ésta es la razón de ser de nuestra constante búsqueda de la felicidad.

Es posible que no seamos felices ahora, pero la promesa del mundo adulto es que algún día lo seremos. Por lo general, nos creemos esta vieja historia cansina (este sueño de un eventual éxito y alivio) porque la sociedad no deja que se cuente ninguna otra historia.

Nos aferramos a la familiaridad, incluso cuando lo familiar es casi insoportable.

Nuestra mentalidad colectiva se vuelve contra cualquiera que intente liberarnos de nuestro sueño hipnótico despertándonos a la posibilidad de explorar individualmente una visión de nuestro interior. Nos volvemos contra esas personas sometiéndolas a un análisis conceptual y, en ocasiones, simplemente asesinándolas físicamente. También nos volvemos contra ellas con una adoración supersticiosa impulsada por las emociones, que es un estado de creencia infantil en un poder que está fuera de nosotros y que nos «atrapará» si no creemos en lo que todo el mundo cree. Este tipo de creencia está impulsada inconscientemente por el estado no integrado (no desarrollado, traumatizado, inmaduro) del cuerpo emocional. Es como creer en cosas como, «Si no aceptas a Jesús como tu salvador, ¡te llevará el coco!».

No hay nada más amenazador para un ser humano que la posibilidad de una liberación auténtica de lo que «siempre ha sido así». Queremos cambiar *siempre y cuando todo permanezca igual.*

La jubilación

La mayoría de nosotros avanza por la vida robóticamente hasta que llega a la etapa llamada «jubilación», momento en el cual le pasamos el testigo de la desesperación a la generación más joven. Durante el duro trabajo que realizamos en nuestra vida, muy pocas personas ahorran los suficiente como para entrar cómodamente en la vejez y la mayoría de nosotros se va deteriorando en la desesperación.

Cuando se llega a la jubilación y la constante actividad de la vida mengua o es eliminada, nuestra capacidad de reprimir el verdadero estado de nuestro cuerpo emocional se debilita y se reduce rápidamente. En consecuencia, nuestros últimos años están plagados de una creciente serie de dolencias físicas, estados de confusión mental y agitación emocional: reflejos sintomáticos del estado de desatención de nuestro inmaduro cuerpo emocional.

Para muchos de nosotros, esto lleva a un incremento de las dosis de medicación, tanto si es automedicada como si es a través de una receta farmacéutica. Muchos de nuestros ancianos actualmente gastan sus recursos más en medicamentos que en alimentos.

Esta culminación de desesperación y decadencia que se experimentan durante la vejez que forma parte de la experiencia humana es un testamento de una vida vivida sin una exploración consciente del estado de nuestro interior.

Lo que hace que esta situación sea tan penosa es el hecho de que damos por sentado que este deterioro es normal, que es nuestro destino.

Entrar

Lo que hace que estar vivos hoy sea distinto a estarlo en cualquier era reciente es que ya no estamos condenados a ese destino de ir decayendo tristemente al entrar en la vejez. Como especie, hemos reunido la suficiente conciencia colectiva como para que esta situación pueda ser modificada eficazmente por la persona.

Ya no tenemos que enfrentarnos a nuestros últimos años de vida con miedo y dudas, con un profundo malestar y desesperación. Ahora tenemos la opción de tomar «el corazón del asunto» en nuestras propias manos. Podemos asumir la responsabilidad del punto causal de la calidad de nuestra experiencia humana ocupándonos conscientemente del estado de nuestro cuerpo emocional. Ésta es la promesa de esta generación. Ésta es la esperanza del mundo. Éste es el corazón del asunto.

Saber que podemos afectar nuestras vidas de tal manera que podamos trasformar nuestros últimos años en un momento sano y consciente de transición de la experiencia terrenal a la siguiente es, en muchos sentidos, un regreso a la calidad de la *existencia* que experimentamos por última vez cuando estuvimos en contacto con nuestra naturaleza indígena.

Sin embargo, no se trata de *regresar* a esa época, como quien vuelve al pasado. Éste es un *entrar*, como cuando uno entra en la resonancia de las inmensas posibilidades de este momento.

EL MOMENTO DECISIVO

8

Este momento aparentemente aterrador, en el que nuestra especie parece estar luchando para mantenerse a flote, al borde de un abismo caótico, es un momento decisivo. Estamos en medio de un rito de iniciación planetario, que nos está invitando a abrazar verdaderamente la responsabilidad personal.

El regalo que está dentro de esta invitación es una relación con la vida renacida: una manera de estar en la tierra que nos es tan desconocida que intentar comunicarla es algo tan frágil como dibujar una línea sobre la superficie del agua.

Nuestra pesadilla actual es nuestra experiencia planetaria de estar en medio de un rito de iniciación que está siendo supervisado por los ancianos invisibles de nuestro destino humano.

Como especie, hemos andado con pies de plomo, cautamente, por el mundo de la fabricación y ahora hemos llegado a la puerta de la consciencia de la creatividad. Mientras que la *fabricación* es el arte de manipular y modificar el exterior, la *creatividad* es el arte de llegar a tener un dominio del interior.

En esta nueva frontera, la fabricación es inútil. Dentro del paradigma de auténtica creatividad que se está desarrollando, un impacto colectivo en nuestra experiencia sólo puede lograrse mediante la integridad de la actividad individual enfocada de una forma precisa, a través de la integridad diamantina de la responsabilidad personal.

Nuestra confusión actual surge de estar con un pie en cada uno de estos mundos. Todavía estamos tratando de hacer mental y físicamente aquello que sólo nuestro corazón puede lograr. Todavía estamos intentando *hacer colectivamente* lo que sólo puede *lograrse individualmente.*

Todavía estamos *tratando de sentirnos mejor,* cuando ahora se nos pide que *lleguemos a ser mejores sintiendo.*

Aunque puede parecer complicado para el cuerpo mental, sólo hace falta una consciencia y un paso deliberado para pasar por este portal y entrar en el salto evolutivo hacia el que toda nuestra especie está siendo lanzada ahora.

Pasar conscientemente por este portal es el corazón del asunto. Y requiere de una percepción sentida.

Clarificar nuestra intención

El momento decisivo en nuestra experiencia individual, que verdaderamente impacta en el estado colectivo de nuestra especie, es cuando exploramos deliberadamente nuestro estado interior, familiarizándonos con el auténtico estado de nuestro cuerpo emocional.

Solamente llevando la consciencia conscientemente al punto causal de la cualidad de nuestra experiencia podemos modificar este estado y, en consecuencia, trasformar toda la resonancia de nuestra experiencia humana.

El propósito más elevado para embarcarnos en una búsqueda así no es para liberar a la humanidad del sufrimiento, como nuestros sistemas político, económico y religioso quieren hacernos creer. Antes bien, el propósito es liberarnos de nuestra prisión perceptiva, entrando en una conversación experiencial con lo inefable. Al dar el ejemplo individualmente de lo que es posible de acuerdo con los parámetros de nuestra experiencia individual, abrimos un portal de posibilidades dentro de la experiencia común. Este portal está disponible para todos los que estén preparados para iniciar una liberación perceptiva sin interferir con la experiencia actual de nadie.

Intentar «salvar al mundo» es un estado no integrado, reactivo: un síntoma proyectado hacia afuera de *una persona impotente que está intentando erradicar el reflejo de su propia impotencia en el mundo ayudando a los demás.*

«Salvar» a alguien es una interferencia arrogante. No hay nada noble en intentar salvar a los demás de tener su propia experiencia. Con esa locura misionera sólo se consigue que haya más males.

La auténtica liberación surge de «tratar a los demás como nos gustaría que nos trataran». Querer que los demás se comporten como nosotros y que crean en lo que nosotros creemos no es una liberación, es juzgar de una forma camuflada.

La evolución se fomenta con el ejemplo, no con la conversión.

Invertir el camino

Para iniciar nuestra búsqueda de una conversación con lo inefable, volvemos sistemáticamente sobre nuestros pasos por el Camino de la Conciencia, pasando conscientemente de la externalización a la internalización.

Invertir conscientemente el Camino de la Conciencia es la clave para desprogramarnos de nuestro estado actual de encarcelación perceptiva. Esto nos despierta gradualmente del hechizo del comportamiento reactivo inconsciente y nos hace entrar en la resonancia receptiva y poderosa de funcionar a partir de la conciencia del momento presente.

Antes de trazar el terreno para la próxima etapa de nuestra aventura, es bueno que repasemos brevemente el Camino de la Conciencia examinando su rol actual dentro de las actividades mundanas de nuestra experiencia de vida cotidiana. Este repaso nos da el poder de percibir cómo somos rutinariamente y, en gran parte, inconscientemente, al movernos por este camino de lo emocional a lo mental y a lo físico en prácticamente todas las actividades de nuestra experiencia de vida.

Resulta útil llevar toda la conciencia posible a este estado inconsciente cuando nuestra intención es invertir nuestra relación con él. Invertir nuestra relación con el Camino de la Conciencia va en contra de los principios de la antigua corriente de la percepción humana de lo que significa la vida. Nos trasforma en *nadadores contracorriente*.

Dentro del fluir de este texto, nuestro breve repaso del Camino de la Conciencia es nuestro acercamiento final al momento decisivo, del abandonar inconscientemente al participar conscientemente.

Las cosas de la vida

Este breve resumen del fluir natural de nuestra conciencia al manifestar nuestra experiencia humana cotidiana se consigue más fácilmente cuando examinamos uno de nuestros pasatiempos favoritos: comprar «cosas».

A los humanos nos gusta comprar cosas y comportarnos como si creyéramos que la adquisición de cosas puede hacernos felices eternamente. Trabajamos muy duro para ganar dinero para comprar montones de cosas y vivimos en una perspectiva perceptiva en la que no es posible que nadie pueda llegar a tener suficientes cosas: especialmente «lo último». Nuestra relación con las cosas es, por lo tanto, una relación apropiada para observar el Camino de la Conciencia en acción.

Por qué lo quiero

Para ilustrar mejor las cosas, vamos a observar a una mujer que ve un vestido que le gusta. Si está absorta en lo físico, es posible que se diga a sí misma que quiere tener ese vestido porque está diseñado bellamente, o porque la tela es exquisita. Si está más absorta en lo mental, es posible que se diga a sí misma que quiere este vestido en particular porque la inconfundible etiqueta del diseñador garantiza que es un producto de primera calidad.

Sin embargo, ni el aspecto físico ni el aspecto mental de este encuentro comercial es el impulso causal que está guiando el deseo de tener ese vestido en particular.

Si la conciencia del cuerpo emocional de esta mujer despertara, ella se daría cuenta de que lo que inicialmente le atrae de este vestido es la promesa de un sentimiento. Inconscientemente, ella cree que si compra esta prenda y se la pone, se *sentirá* bien, feliz, sexy, admirada, rica y exitosa.

El *sentimiento* que se pretende tener es el punto causal de su atracción hacia esta prenda de vestir, y el deseo de tener ese sentimiento está impulsado por el estado actual de su cuerpo emocional.

El camino de la manifestación

Cuando la mujer de nuestra ilustración cree que el vestido puede permitirle alcanzar su intención de manifestar un estado emocional deseado, ella avanza obedientemente por el Camino de la Conciencia.

Luego la mujer en cuestión contempla mentalmente la posibilidad de adquirir ese artículo. Se hace preguntas como: ¿Cuánto cuesta? ¿Puedo pagarlo? ¿El precio que piden por este vestido es equivalente a la alegría que pretendo sentir al ponérmelo? ¿Debería pagar al contado o con mi tarjeta de crédito? ¿Cuánto tardaré en pagarlo? Si compro este vestido, ¿de qué otra cosa, que habría comprado con ese dinero, me tendré que privar?

Cuando la mujer hace estos cálculos, el cuerpo mental sirve como el corredor que la lleva desde *desear tener el sentimiento que se pretende tener* hacia *adquirir físicamente el artículo* que hace que esa experiencia sea posible.

Una vez que el cuerpo mental ha hecho todos los cálculos necesarios, si la mujer todavía desea tener ese sentimiento y lo percibe como algo que justifica el gasto, comprará físicamente el vestido, lo llevará a casa y se lo pondrá.

La experiencia de la mujer habrá pasado de lo emocional, a lo mental , a lo físico.

El punto causal

Una vez que la transacción se ha completado y la mujer está vistiendo la prenda, el cuerpo emocional sigue siendo el punto causal de la experiencia deseada. Esto es evidente por el poder de lo que recibe al llevarla puesta.

Si sus amigas le echan *esa mirada* (aquella que dice: «No cariño, ese vestido *no* se ve bien en ti»), o si durante el transcurso de la tarde pasa algo que hace que ella se *sienta* incómoda por tenerlo puesto... ya está. Se acabó. Nunca más se vuelve a poner ese vestido.

No importa cuánto haya pagado por él y no importa qué diseñador lo haya creado: si ella se *siente* incómoda al llevarlo puesto, ya puede tirar ese vestido a la basura. ¿Por qué? Porque *el sentimiento generado por la experiencia es el punto causal.*

Este movimiento por el Camino de la Conciencia también se aplica a los hombres que se compran camionetas, a los niños que reciben regalos y a todas las cosas que acumulamos para estar a la altura de lo que tienen los vecinos.

Esto también se aplica a cualquier cosa que compremos para tapar nuestro malestar interior, o en un intento de alimentarnos externa e inconscientemente con resonancias emocionales generadas superficialmente que todavía no somos capaces de activar conscientemente en nosotros por una falta de madurez.

El exterior superficial

Ni siquiera es necesario que nos sintamos incómodos respecto a las cosas que hemos comprado para que perdamos interés en ellas. Podemos comprar cosas que inicialmente facilitan que nos sintamos realmente bien pero, puesto que ese sentimiento lo generan influencias externas y no capacidades emocionales internas, el sentimiento, invariablemente, acaba decayendo.

En cuanto la intensidad de un sentimiento asociado a cualquier cosa, actividad o experiencia decae por debajo de cierto punto, desaparece el apego y la relación que teníamos con ello. ¿Por qué? Porque *el sentimiento generado por nuestra experiencia es el punto causal de nuestro apego a cualquier cosa.*

Si no hay sentimiento, no hay apego. Es así de simple y así de poderoso.

Y podemos estar agradecidos de que sea así, porque ahora entendemos dónde tenemos que dirigir nuestra conciencia para asumir toda la responsabilidad por el punto causal de la calidad (el contenido sentido) de nuestra experiencia de vida.

En consecuencia, ahora podemos empezar a entrar eficazmente en un viaje hacia la integridad de la percepción.

TENER UNA EXPERIENCIA

~

9

Para iniciar una conversación con lo inefable no es necesario aprender algo nuevo. Se trata de un acto de recuerdo.

La palabra «*remember*» nos dice fonéticamente lo que implica. *Re-member* es volver a ser un miembro.* ¿Un miembro de qué? Del todo. Iniciar una conversación con lo inefable tiene que ver con volver a identificarnos con aquello que ya está entero.

A lo largo de todo este texto, hemos estado hablando de los orígenes de adoptar un comportamiento que va hacia atrás. Hemos estado dándonos cuenta de cómo hemos llegado a percibir, erróneamente, el efecto como si fuera la causa.

Una de las consecuencias de este comportamiento es que nos hemos identificado con nuestra experiencia externa hasta el punto de que ahora nos buscamos a nosotros mismos en esa experiencia externa y, en consecuencia, perdemos la conciencia de nosotros mismos en ella.

Ya no vemos un estado adictivo, por ejemplo, como *una experiencia que estamos teniendo*, sino como *algo en lo que nos hemos convertido*. Ahora nos percibimos a nosotros mismos como a un adicto. En lugar de darnos cuenta que estamos teniendo una experiencia de la adicción al alcohol, en nuestra percepción, nos encarcelamos perpetuamente dentro de la experiencia, declarando erróneamente: «*Soy* un alcohólico».

---

* En inglés, *remember* significa «recordar» y *member* significa «miembro». (*N. de la T.*)

Iniciamos una conversación con lo inefable cuando nos damos cuenta de que *nosotros no somos la experiencia que estamos teniendo*. Antes bien, *estamos teniendo una experiencia*.

¿Qué está leyendo esta página?

Permíteme que, como escritor de este texto, me dirija directamente a ti por un instante. ¿Quién está leyendo el texto que está delante de ti en este momento?

Podrías responder: «Yo».

Te resulta fácil dar un paso atrás perceptivamente, alejándote del acto de leer el texto, e identificarte como la persona que está teniendo la experiencia de leer. Para ti, está claro que tú no eres el libro físico que tienes en las manos. También está claro que tú no eres el material conceptual contenido en el texto que se encuentra en la página que tienes delante de ti. Tú tampoco eres las respuestas emocionales generadas por el acto de leer este texto. Está claro que estás teniendo la experiencia de leer el texto de este libro.

Entonces, ¿quién, o más precisamente, *qué* está teniendo la experiencia de leer este texto?

Detente un momento y permanece con la sensación de que tú no eres la experiencia que estás teniendo en estos momentos, sino que más bien eres un testigo de una experiencia que se está desarrollando ahora mismo.

Desenmarañar

La experiencia que estás teniendo en estos momentos está limitada por sus parámetros físicos, mentales y emocionales, pero lo que *tú* eres no está limitado.

Puedes dejar el libro y cambiar esta experiencia por otra con la misma facilidad con que puedes elegir continuar teniendo esta experiencia. No estás atado por esta experiencia de lectura. ¿Por qué, entonces, das por sentado que estás atado a *cualquier* experiencia en tu vida, hasta el punto que parece poseerte más allá de tu voluntad personal?

¿Por qué te resulta fácil dejar el libro…? La verdad es que lo es. Adelante, hazlo. Juega conmigo durante un instante y deja el libro de lado durante unos segundos. Luego agárralo otra vez. Verás lo fácil que es hacerlo.

¿Por qué tienes un control absoluto sobre esta experiencia de lectura, pero no lo tienes sobre otras experiencias en tu vida?

Si *no* hubieras sido capaz de dejar el libro cuando te lo pedí, entonces, ¿habrías declarado, impotente, «Soy un lector»? Por supuesto que no. Sin embargo, cuando somos adictos a una experiencia sobre la que aparentemente no logramos imponer nuestra voluntad, como por ejemplo, beber alcohol, automáticamente declaramos cosas como, «Soy un alcohólico».

Esto es como declarar, al ir al baño, «Soy un urinador», en lugar de decir, «Estoy teniendo la experiencia de orinar».

Sagrado

Siempre que nos identificamos con una experiencia declarando «Yo *soy* esto» o «Yo *soy* aquello», estamos convirtiendo un *hechizo* hipnótico en una *sentencia* de la percepción y luego creyéndonos *nuestra historia*.

A pesar de todas las historias que nos contamos acerca de quién y qué somos, hay una parte de nosotros que es capaz de salir de cualquier experiencia que estemos teniendo en el presente y ser un «testigo» o un «observador». Esta parte de nosotros siempre está entera y no ha sido afectada por ninguna experiencia física, mental o emocional.

Cuanto más nos identificamos con toda esta parte de nosotros mismos, más integrados, o enteros, nos sentimos. Esta parte de nosotros es sagrada.

«Sacralidad» es una palabra que está físicamente mal representada, mentalmente corrompida y emocionalmente cargada de adoctrinamiento religioso. Sacralidad significa simplemente integridad.

Entramos automáticamente en una conversación con lo inefable cuando aceptamos nuestra integridad. Un encuentro así es sagrado.

Hacernos cargo

La causa original de nuestro estado esquizofrénico (en el que a veces somos conscientes de que estamos *teniendo* una experiencia y en otras ocasiones somos totalmente inconscientes e imaginamos que estamos siendo *poseídos* por una experiencia) reside en el estado de nuestro cuerpo emocional.

Cuando nuestro cuerpo emocional no está equilibrado, no nos experimentamos a nosotros mismos como enteros. En lugar de eso, proyectamos nuestra atención hacia afuera, hacia cualquier experiencia que, erróneamente, creemos que nos hará enteros.

Estar poseídos por una experiencia y, por ende, parecer ser adictos a ella, es la consecuencia de haber sido impulsados inconscientemente por una *carga*. Esta carga es una signatura emocional que generalmente permanece oculta para nosotros y, por lo tanto, impulsa nuestra experiencia inconscientemente.

Sabemos que esto es así porque en cuanto intentamos salirnos de cualquier experiencia a la que percibimos que somos adictos (cualquier experiencia con la que nos hemos identificado completamente), empezamos a *sentirnos* fatal. Es para sedar y controlar esta horrible sensación emergente por lo que volvemos a entrar en el estado de «posesión». Es para sedar y controlar esta horrible sensación por lo que adoptamos el comportamiento que se convirtió en un encuentro adictivo.

Ser conscientes de que estamos teniendo una experiencia (una que podemos tomar y luego dejar con la misma facilidad con que lo hacemos con este libro) es darnos cuenta de que *estamos a cargo*. Pero sólo estamos a cargo cuando estamos haciéndonos cargo conscientemente del punto causal de la calidad de nuestra experiencia, cuando aceptamos la plena responsabilidad por el estado de nuestro cuerpo emocional y cuando estamos en paz *con todos nuestros sentimientos*.

Solamente nos convertimos en el *autor* de nuestra experiencia cuando prestamos atención conscientemente a su *signatura emocional*. Hasta que lleguemos a este punto, la experiencia no integrada de un niño de siete años que ha sido grabado toma las riendas en nuestro nombre.

Ser un adulto impulsado por el estado no integrado de un niño es no tener integridad.

Rezar para pedir ayuda

Muchos de nosotros, tanto si lo admitimos como si no, tanto si nos damos cuenta de ello como si no, rezamos pidiendo ayuda. Rezamos pidiendo ayuda porque estamos poseídos por una experiencia incómoda y buscamos ayuda para liberarnos de ella. La experiencia posesiva puede aparecer en nuestras circunstancias como una adicción, una carencia, una enfermedad, un corazón roto, o cualquier variedad de manifestaciones de sufrimiento físico, mental y emocional.

Cuando rezamos, estamos pidiendo una ayuda proveniente de lo vibracional, aunque es posible que no seamos conscientes de que eso es lo estamos haciendo. Podemos decir que estamos hablándole a Dios, o recurriendo a Jesús, o pidiendo la clemencia de Mahoma, o solicitando la bendición de Buda, o llamando al Gran Espíritu.

No importa cómo describamos nuestra intención. Lo que es profundo es que todos transitamos por el Camino de la Conciencia exactamente de la misma manera cuando buscamos la ayuda de un poder superior. Lo invertimos.

Invertir el camino

Todas las religiones (y esto incluye a las culturas indígenas), cuando pretenden hablar con lo que es Dios para ellas, o con cualquiera de los representantes de Dios, invierten el Camino de la Conciencia.

En primer lugar, adoptan una postura física o hacen otros preparativos físicos. Esto puede incluir juntar las manos en una posición de oración, ponerse de rodillas, caer al suelo boca abajo, encender incienso, sentarse en una postura de loto, encender un fuego ceremonial, echar hierbas sobre el carbón, beber y comer una sustancia sacramental, entrar en un templo o una iglesia, viajar a un lugar sagrado, vestir prendas sagradas, o sostener en la mano un símbolo de poder o un objeto sagrado.

La práctica o preparación física luego va seguida de una actividad mental. Esto puede ser rezar una plegaria, leer un libro sagrado, repetir un mantra, cantar un himno o trasmitir de alguna otra forma un mensaje mental o una petición conceptualizada.

La iniciación de los preparativos físicos y las comunicaciones mentales tiene como finalidad activar una experiencia. Esta experiencia está anclada inicialmente en el cuerpo emocional como la aparición de un determinado sentimiento.

Si el sentimiento no está presente, o si no surge en algún momento como consecuencia de los esfuerzos físicos y mentales empleados, todo el ritual resulta vacío e ineficaz. Si el sentimiento concreto que se pretende despertar está presente, todos los participantes aceptarán que el ritual ha sido un éxito.

Tomar atajos

En una experiencia compartida como es el rezo, vemos que toda nuestra familia humana, cuando se acerca a lo que Dios es para nosotros, automáticamente invierte el Camino de la Conciencia. Avanzamos por él yendo de lo físico a lo mental y luego a lo emocional.

Para tener éxito en nuestro intento de entrar en una conciencia experiencial de nuestra verdadera esencia más allá y por encima de la fugacidad de las corrientes físicas, mentales y emocionales de nuestra vida cotidiana, también debemos invertir deliberadamente el Camino de la Conciencia.

Si nuestra intención es iniciar una conversación experiencial con lo inefable, con lo vibracional, con un estado del ser que está más allá de cualquiera de nuestros actos fugaces, debemos entrar en un viaje tan deliberado como el que realizó nuestra conciencia cuando entró en nuestra experiencia de vida en la tierra.

Si no nos damos cuenta de esto, probablemente nos desviaremos del camino. Podemos intentar erróneamente tomar lo que parece ser un atajo. El deseo de tomar atajos cuando nos acercamos a lo vibracional suele ser consecuencia de la desesperación, de la esperanza de aquietar inmediatamente nuestro malestar emocional interno.

Por desgracia, ese enfoque, que normalmente implica intentar ser «reparado» por otra persona, nos abre a la decepción. Buscar atajos nos hace vulnerables a creer que si ofrecemos nuestra alianza a otra persona o a una organización, ellos podrán dar los pasos necesarios hacia la conciencia vibracional en nuestro lugar. Creer esto es como creer que otra persona puede *sentir* por nosotros.

Cuando somos conscientes de los pasos que es necesario dar al entablar una conversación con lo inefable (que debemos mover nuestra percepción, conscientemente, de los físico a lo mental y luego a lo emocional) estamos bien equipados para la aventura más noble que cualquier ser humano pueda emprender. Estamos preparados para viajar con discernimiento y transitar por el camino con integridad.

VIVIR EN LO MENTAL

10

El regalo de conversar con lo inefable se recibe *a través* de la carne, y no negándola. El primer paso para iniciar una conversación con lo inefable es, por lo tanto, «entrar en el cuerpo».

Cuando vivimos en un paradigma basado en el tiempo, no residimos en nuestro cuerpo físico. De hecho, muchos de nuestros comportamientos están motivados por un deseo de salir de nuestro cuerpo físico. Salir de él es una reacción a nuestra ansiedad actual (la palabra *anxiety* contiene la frase *«any exit»*).* Todos los comportamientos de sedación y control pretenden ayudarnos a marcharnos de lo físico corriendo hacia lo mental.

Podemos dar por sentado que vivimos dentro del cuerpo físico porque éste nos acompaña obedientemente a todas partes, pero esto no es así. En cualquier momento dado, estamos dondequiera que esté concentrada nuestra atención. ¿Cuántas veces conducimos el coche a alguna parte y, al llegar a nuestro destino, no recordamos claramente cómo llegamos hasta ahí?

La mayoría de nosotros funciona de esta forma incorpórea durante gran parte del estado de vigilia. Pasamos una gran parte de nuestra experiencia de vida en el reino de lo mental, hablando con nosotros mismos, teniendo conversaciones imaginarias con otras personas, pensando en lo que tenemos que hacer, en cómo vamos a hacerlo, cuándo vamos a hacerlo y por qué vamos a hacerlo. Por lo general, olvidamos el único momento en el que es posible lograr algo, ¡el *ahora*! El único lugar en el que la vida está desarrollándose es en el momento presente.

El hecho de que no haya coches apilados en cada esquina de la calle es un claro testimonio de la existencia de una presencia llamada Dios. Por lo general, no estamos conduciendo nuestras experiencias en la vida; éstas están en piloto automático. Si no hubiera una presencia divinamente paciente y compasiva que agarrara el volante cuando avanzamos distraídamente dando traspiés por los infinitos corredores ilusorios del plano mental, muy pocos llegarían al final de un día.

Entrar en el cuerpo

El primer paso para «presentarnos» en el momento presente, que es el dominio de lo vibracional, es, por lo tanto, volver a entrar en el cuerpo físico y empezar a anclar nuestra conciencia en él.

Iniciar la presencia física es uno de los grandes beneficios de tener un cuerpo físico, ¡porque sólo existe en el momento presente! Al entrar conscientemente en él, simultáneamente llevamos nuestra conciencia al momento presente.

El cuerpo físico no sólo está anclado en el momento presente, sino que además contiene un registro preciso de las experiencias pasadas que todavía no hemos integrado. Estos registros están disponibles en forma de «síntomas» físicos o, como la palabra sugiere fonéticamente, «some times»,* como manifestaciones físicas de momentos en el tiempo que no están integrados. La molestia causada por esos momentos no integrados es el impulso causal de nuestra ansiedad. Es el impulso causal de nuestro continuo intento de hallar alguna salida de este momento y, por lo tanto, de nuestra adicción a escapar de lo que estamos sintiendo e introduciendo en nuestros pensamientos.

Al aceptar entrar conscientemente en nuestro cuerpo físico, hacemos que sea accesible para nosotros la conciencia de por qué somos adictos a huir habitualmente de este momento.

---

* Aquí el autor vuelve a jugar con las palabras *symptoms* (síntomas) y *some times* (a veces). (*N. de la T.*)

Paz mental

Durante nuestro recorrido por este texto, hemos hablado de los diversos atributos que se unen para fabricar nuestra experiencia humana: el cuerpo físico, el cuerpo mental y el cuerpo emocional. También hemos minimizado deliberadamente el uso de la palabra «mente».

La mente, en el marco de esta disertación, es la matriz en la que tenemos la experiencia de vida y, además, el medio por el cual nos encontramos con esta experiencia. Por este motivo, es adecuado declarar que cuando algo no está en nuestra mente, no tiene importancia.

La trinidad de esta matriz de la mente comprende los cuerpos físico, mental y emocional. Los tres juntos forman la mente como un todo. Cuando estos tres atributos funcionan **dentro** de la resonancia de la integridad, entonces la mente es sagrada.

Nosotros, *los que estamos teniendo la experiencia* (una experiencia con la que nos encontramos a través de las sensaciones, el pensamiento, el sentimiento y la intuición), somos vibracionales. No podemos ser cambiados, mientras que todo lo que tiene que ver con la mente está en un estado de cambio constante. Solamente cuando descansamos conscientemente en *la paz que somos*, se calma la mente.

De la misma manera en que uno busca la conciencia de sí mismo despertando conscientemente a su esencia vibracional, también la mente busca la totalidad a través de la integración física, mental y emocional. Únicamente cuando la mente ha integrado a sus tres atributos puede entonces descansar en paz. Recordar que somos vibracionales es el catalizador para este nivel de integración. Hasta que tiene lugar este recordar, la mente es como una mosca volando alrededor de nuestro rostro sudoroso y caliente en un largo día de verano.

Dar a luz a nuestro inconsciente

Durante nuestros primeros siete años de vida en la tierra, nos encontramos con una continua serie de experiencias llamadas nuestra «infancia». Para la mente, es imposible integrar esas experiencias iniciales, porque durante esos primeros siete años estamos inmersos principalmente en la conciencia del cuerpo emocional.

Todavía no hemos desarrollado la capacidad de conceptualizar y, por lo tanto, no podemos integrar nada mentalmente. Tampoco hemos pasado por los acontecimientos y circunstancias necesarios que proporcionan un recipiente adecuado para la integración física. Por este motivo, lo que nos ocurre en la infancia sigue sin estar integrado y permanece congelado en el tiempo.

La mente busca automáticamente la integración y, por lo tanto, no puede descansar en este problema. Se encona en torno a cada momento no integrado de nuestra infancia. Este comportamiento absorbe nuestra atención disponible y se ancla **en** estos puntos de tiempo no integrado.

Este enconamiento es principalmente energético y, por lo tanto, cuando nuestra conciencia del cuerpo emocional se reduce después de la infancia, este estado energético continuo se vuelve invisible para nosotros. Se convierte en la actividad de nuestro inconsciente.

El pecado original

Cuando ya somos adultos, la mente, en su deseo de alcanzar la plenitud, ha captado una gran parte de nuestra atención disponible como cómplice en un desesperado intento de integrar lo que ocurrió en los primeros siete años de nuestra experiencia de vida.

El error de percepción que cometemos es dar por sentado que la búsqueda de plenitud de la mente es nuestra verdadera búsqueda. Al identificarnos con esta incesante actividad energética y aceptarla inconscientemente como nuestra, entramos en un paradigma perceptivo en el que creemos que ya no estamos enteros y debemos hacer algo para recuperar ese estado de plenitud.

Este error de percepción hace que nos sintamos rotos y que deseemos ser reparados. Cuando entramos en la visión adulta del mundo, estamos tan envueltos por esta experiencia de sentirnos rotos que hemos renunciado a esa conciencia vibracional y nos hemos identificado completamente con nuestros atributos físicos, mentales y emocionales.

Esta sensación de estar rotos, de identificarnos con una necesidad de ser reparados, es la fuente de nuestros extraños conceptos religiosos del «pecado original». Una palabra más apropiada que pecado es «disfunción». El pecado original son los patrones disfuncionales que fueron grabados en nuestro cuerpo emocional y que nos impulsan inconscientemente hacia un comportamiento autodestructivo. Estos patrones energéticos grabados son la disfunción generacional que se trasmite por los linajes de padres a hijos. Éstos deben ser neutralizados si queremos volver a entrar en una conciencia experiencial de nuestra auténtica esencia vibracional.

Cada vez que decimos «Soy un pecador», estamos identificándonos con una experiencia no integrada dentro de la matriz de la mente. Esto hace que perdamos la conciencia de nuestra esencia vibracional auténtica y permanente, que está teniendo esa experiencia.

Al identificarnos con una experiencia emocionalmente cargada como es el pecado, automáticamente cerramos la conciencia de lo que realmente somos, de lo que Dios es para nosotros y de dónde residimos verdaderamente en ese momento. Aquellos que enseñan que *somos* pecadores están ocultando la presencia de la Verdad.

La mente criadora

La aventura de iniciar una conversación con lo inefable no tiene que ver con reparar nada. Tiene que ver con recordar algo.

No hay nada que podamos hacer para llegar a estar enteros. Estar enteros es nuestro verdadero estado, un estado que no conoce cambios. Jamás nos hemos roto, y tampoco podemos llegar a estar rotos. Sin embargo, hasta que nos ocupamos del estado no integrado de la mente y participamos *conscientemente* en su búsqueda de la integración, nos dejamos arrastrar inconscientemente hacia lo que la mente *piensa* que necesita hacer para encontrar, crear o imponer la paz.

Nuestra tarea es convertirnos en el facilitador parental en este problema, asistiendo con compasión a la mente a integrar esas experiencias de la infancia que son el motivo por el cual gran parte de nuestra atención está fuera del momento presente. Cuando le damos a la mente el poder para integrar esas experiencias de la infancia, los aspectos de nuestra conciencia que se han convertido erróneamente en cómplices en esta búsqueda desesperada, se separan de esos enredos energéticos y regresan al momento presente. Cuanto más lo hacen, más presencia *sentimos*.

Al facilitar consciente y sistemáticamente la integración de la mente, acabamos recuperando suficiente presencia como para *sentir* de una forma tangible la esencia de nuestra identidad vibracional en toda su magnificencia. Una vez que hemos iniciado conscientemente el viaje integrador de la mente, la inevitable consecuencia de volver a despertar a la conciencia vibracional es orgánica. Es como regar una planta. Cuando regamos una planta, no tenemos que saber cómo hacerla crecer. Ni siquiera tenemos que entender nada de los mecanismos de su capacidad de crecer. Cuando una planta recibe la atención necesaria, su crecimiento es una consecuencia automática. Asimismo, cuando la regamos con la atención consciente requerida, la mente automáticamente madura y florece como una expresión de la conciencia vibracional.

La respiración de la vida

Nosotros, los seres humanos, somos distinguibles por el hecho de que somos las únicas criaturas sobre la faz de la tierra que controlamos *inconscientemente* nuestra respiración. Este control inconsciente de nuestro mecanismo de respiración se manifiesta como largos intervalos entre nuestra inspiración y nuestra espiración. A esto lo denominamos «pausas».

Las pausas habituales son una consecuencia de no residir conscientemente en el cuerpo, y de residir principalmente en el plano mental, donde nuestra atención se aleja de este momento y entra en lo que llamamos conceptualmente el «pasado» y el «futuro». Rara vez respiramos mientras estamos viajando por el plano mental, como si no hubiera respiración en el pasado y no hubiera respiración en el futuro. Hacer pausas entre respiraciones es también consecuencia de hablar demasiado.

Observa a un perro o a un gato. Si el perro o el gato todavía no ha empezado a reflejar el comportamiento disfuncional de su dueño, respira sin hacer pausas. Observa a un ser humano mientras está hablando por teléfono o mirando la televisión. Hay poca o ninguna respiración conectada. Cuando un perro se asusta respira más rápido. Cuando los humanos nos asustamos, contenemos la respiración; literalmente, dejamos de respirar del todo.

Nuestro problema es que tenemos un mecanismo de respiración desconectada. Esta manifestación está directamente relacionada con pasar gran parte de nuestra experiencia de vigilia en el plano mental, en una reflexión sobre el pasado y una proyección del futuro.

Respirar disfuncionalmente parece algo tan normal que ni siquiera nos damos cuenta de que lo estamos haciendo. Ahora, vivir en un estado de constante privación de oxígeno es nuestro estado normal.

Ser

Hay algo que el cuerpo mental no puede comprender, por mucho que lo intente. Ningún *hacer* puede activar la experiencia que llamamos «ser». Ningún hacer puede aumentar la posibilidad de ser, ni permitirla, ni añadir nada a dicha experiencia.

La resonancia a la que llamamos «ser» impregna continuamente todo el hacer, tanto si lo vemos como si no lo vemos, tanto si nos damos cuenta de ello como si no nos damos cuenta. La resonancia a la que llamamos ser emanó antes de que cualquier hacer se pusiera en marcha y continúa emanando después de que cada acto de hacer vuelva a entrar, inevitablemente, en la quietud, el silencio y la invisibilidad.

No hay ningún hacer que pueda añadir nada, o restar nada, a la resonancia de ser. Nuestros actos pueden simplemente ocultar, o sugerir, una conciencia del *ser* que siempre existe.

No hacer

El *hacer* que tiene como finalidad, específicamente, sugerir la conciencia de *ser* se llama «no-hacer» o «des-hacer».

Para ilustrar el propósito de un «no-hacer», piensa en la imagen de un frasco de vidrio cerrado herméticamente, lleno hasta la mitad de agua, y luego el resto de aceite. Para el propósito de esta ilustración, el agua representa nuestra auténtica esencia vibracional: el *ser* que no cambia y que está teniendo la experiencia. El aceite representa nuestros atributos físicos, mentales y emocionales: la experiencia siempre cambiante que estamos teniendo.

Gran parte de nuestra actividad en la tierra está impulsada por una «necesidad» de traer alivio al malestar causado por la acumulación de calor dentro de nuestro cuerpo emocional. Ni siquiera sabemos que estamos teniendo este comportamiento porque no tenemos el entendimiento de la conciencia del cuerpo emocional que nos permitiría percibir el impacto que un cuerpo emocional desequilibrado tiene sobre la calidad general de nuestra experiencia de vida.

Sin una conciencia del cuerpo emocional, nos comportamos hacia atrás. Modificamos los efectos en un esfuerzo por tener un impacto causal en la calidad de nuestra experiencia. Intentamos modificar nuestra experiencia reorganizando nuestras circunstancias y dedicándonos mucho a pensar, calcular y analizar. Este error de percepción es la causa de la mayor parte de nuestro hacer.

Pero lo único que se consigue con este hacer es agitar constantemente el frasco de agua y aceite. Mientras creamos que podemos añadir más hacer a nuestra experiencia de vida como un medio para trasformar la calidad de nuestra experiencia, lo único que conseguiremos será agitar todavía más el frasco. En consecuencia, el aceite y el agua acabarán tan agitados que se convertirán en un líquido opaco y ya no podremos diferenciar lo que somos (el agua) de la experiencia que estamos teniendo (el aceite).

El *no-hacer* es cualquier actividad que nos proporcione el poder para dejar el frasco y no agarrarlo más. Al permitir que el frasco entre en la quietud, el agua y el aceite se separarán automáticamente.

El *no-hacer* podría ser cualquier aspecto corriente de nuestra experiencia, como, por ejemplo, respirar, al que le infundimos conciencia para despertar conscientemente a nuestro verdadero estado del ser.

Una respiración conectada conscientemente

Hay muchas actividades que podrían utilizarse como un no-hacer. De hecho, cualquier actividad de la vida en la que uno entre con la presencia de una atención consciente se convierte en un no-hacer y, por lo tanto, en un vehículo para tomar conciencia del ser.

Conectar conscientemente nuestra respiración es un poderoso no-hacer porque permite que nuestra consciencia empiece a salir de las ilusiones del plano mental basadas en el tiempo y vuelva a entrar en la presencia del cuerpo físico. Como un *no-hacer*, nos proporciona el poder para *deshacer*.

La respiración conectada consciente es una manera elaborada de describir la mecánica de la respiración sin hacer pausas entre la inspiración y la espiración. No es una práctica extravagante o compleja. ¡Ni siquiera es una práctica! Es simplemente el acto de inspirar y espirar por la nariz, o por la boca, de una forma natural. Es tan natural y normal que, cuando lo hacemos, nadie nota que lo estamos haciendo. Si, mientras estamos conectando conscientemente nuestra respiración, alguien nota que estamos haciendo «algo», entonces eso que estamos haciendo no es lo que estamos comentando aquí.

Inténtalo ahora. Respira normalmente, inspirando y espirando, sin largos intervalos o pausas entre la inspiración y la espiración. Es así de simple.

A menos que lo estemos observando específicamente, no notamos que un gato está respirando, ¿verdad? Éste es el enfoque que debemos tener de la respiración conectada conscientemente: natural, sin afectación y sin esfuerzo.

Sí, podemos trasformar este no-hacer en una práctica respirando deliberadamente de una forma *mucho* más plena y profunda, de un modo que atraiga la atención de cualquier persona que tengamos cerca. Podemos hacer tanto ruido al respirar que otras personas podrán escuchar que estamos trabajando deliberadamente con la respiración. Podemos sentarnos en una postura de loto para que otras personas sepan que estamos apunto de hacer algo «espiritual». Pero al hacer esto, automáticamente estamos convirtiendo un no-hacer en un hacer. ¡Y no queremos hacer eso! Uno de los atributos del no-hacer es que nadie note que lo estamos haciendo.

Ya estamos respirando, así que no estamos añadiendo nada a nuestra experiencia actual. Estamos añadiendo únicamente conciencia a una actividad que ya estamos realizando.

La respiración conectada conscientemente es prestar atención conscientemente a nuestro patrón normal de respiración. Hacerlo más complicado físicamente adoptando una postura específica, o afectando la frecuencia y la intensidad de nuestra respiración, o concentrándonos en la ubicación exacta de la respiración en el cuerpo, es convertir esto en un hacer.

Nota: La respiración conectada conscientemente tal como la estamos comentando en este texto no es «una práctica» como se aplica en *El proceso de la presencia*. Dicha aplicación de nuestra respiración es parte de un procedimiento, mientras que esta aplicación es un momento completo de conciencia creciente que se inserta en cualquier aspecto de nuestra experiencia de vigilia durante tanto tiempo como nosotros queramos.

El impacto de la presencia

Cuando conectamos conscientemente nuestra respiración, un aspecto de nuestra conciencia debe seguir estando presente para supervisar este propósito deliberado de concentrar nuestra conciencia en la respiración.

En cuando nuestra atención regresa a un paradigma basado en el tiempo, a nuestros procesos mentales inconscientes, automáticamente empezamos a hacer pausas otra vez. Al no permitirnos hacer pausas, al conectar conscientemente nuestra respiración en momentos escogidos al azar durante nuestras horas de vigilia, activamos deliberadamente una creciente conciencia de la presencia.

La respiración conectada conscientemente vuelve a conectar nuestra conciencia al circuito de la corriente de la vida que sólo fluye dentro del momento presente. Es así de simple y así de poderoso. La respiración conectada conscientemente es uno de los medios más eficaces y accesibles para volver a entrar deliberadamente en el cuerpo físico. Porque en cada segundo que conectamos conscientemente nuestra respiración, estamos anclando deliberadamente nuestra conciencia en el cuerpo y, por lo tanto, en el momento presente. A pesar de lo simple que es este no-hacer, y de lo normal que parece, tiene profundas consecuencias.

Al cuerpo mental, conectar conscientemente nuestra respiración le parece algo demasiado simple y que no se acerca siquiera a la utilización de pensamientos intricados y energía para lograr algo real y significativo. El cuerpo mental da por sentado que este no-hacer es inútil porque pasa cada minuto de vigilia y de sueño corriendo de aquí a allá dentro de sus complejas interpretaciones. En un intento de lograr la integración de la mente, emprende todo tipo de actos físicos intricados y llenos de esfuerzo basándose en esas interpretaciones. Sin embargo, durante toda la eternidad, no logra absolutamente nada. Solamente «piensa» que lo hace.

El cuerpo mental puede preguntar: ¿Cómo puede el hecho de respirar normalmente lograr algo? El cuerpo mental sólo hace una pregunta como ésta porque no tiene la capacidad de comprender el impacto causal de un aumento de la presencia en la calidad general de nuestra experiencia de vida.

El secreto mejor guardado

Existe una relación estadística entre los diversos aspectos de nuestra experiencia humana que vale la pena revisar durante un momento.

Se dice que solamente usamos el 13por 100 de nuestra capacidad pulmonar. ¡Eso significa que estamos severamente privados de oxígeno! Se dice que solamente utilizamos el 13por 100 de nuestra capacidad cerebral. Eso significa que, por lo general, ¡somos realmente estúpidos! Se dice que sólo somos conscientes en un 13por 100 de lo que está ocurriendo en nuestra experiencia humana en cualquier momento dado y que la mayor parte de nuestra conciencia funciona inconscientemente. Eso quiere decir que, por lo general, ¡estamos completamente dormidos! Se dice que apenas un 13por 100 de nuestro ADN está activo. El resto del ADN que está inactivo se denomina ADN «basura» y parece no tener ninguna aplicación. Esto quiere decir que, definitivamente, ¡no estamos funcionando en toda nuestra capacidad!

Ésta es un interesante correlación estadística. (Sí, nos hemos tomado una libertad artística al utilizar el valor numérico de 13 en todos los porcentajes. Definitivamente, es demasiado alto en todos los casos citados arriba.)

Sería inútil que nos despertáramos una mañana y declaráramos: «¡Se acabó! Ya me harté de funcionar sin aprovechar toda mi capacidad. ¡Hoy voy a activar todas mis hebras de ADN!». Buena suerte con eso.

Sería igualmente inútil que nos levantáramos una mañana y declaráramos: «¡Se acabó! Ya me cansé de comportarme de una forma inconsciente. ¡Hoy voy a estar consciente al 100por 100!». Buena suerte con esto también.

Sería igual de inútil que nos levantáramos una mañana y declaráramos: «¡Se acabó! Ya me cansé de ser estúpido. ¡Hoy voy a funcionar con toda mi capacidad cerebral!». Buena suerte con esto también.

Sin embargo, no es descabellado declarar: «Hoy, durante este día, voy a pasar un poco más de tiempo conectando conscientemente mi respiración».

Cuando empezamos a conectar constante y conscientemente nuestra respiración aleatoriamente durante el día, experimentamos consecuencias inesperadas:

Empezamos a entender aquello que antes no tenía ningún sentido para nosotros, como si estuviéramos empezando a usar una mayor parte de nuestro cerebro.

Empezamos a percibir aspectos de nuestra experiencia que antes eran invisibles para nuestra percepción, como si estuviéramos teniendo, repentinamente, más conciencia.

Empezamos a tener ideas plenas y completas que explotan en nuestra mente de una forma tan instantánea como un foco que se enciende, como si se encendiera un cilindro que antes había estado desconectado... o una hebra de ADN.

Todos estos cambios empiezan a desarrollarse simplemente porque estamos respirando consciente y constantemente. No estamos respirando como locos, no estamos respirando de manera compulsiva ni estamos respirando desesperadamente, sino de una forma suave, natural y, lo que es más importante, *constante.*

Oxígeno: Tomarlo de forma consciente y constante todos los días. Éste el mejor secreto y, sin embargo, está tan fácilmente a nuestro alcance que ni siquiera las empresas farmacéuticas pueden patentarlo y controlarlo. Los efectos secundarios incluyen un aumento de la inteligencia, la conciencia, la percepción y la integración.

Despertar el inconsciente

Cuando conectamos conscientemente nuestra respiración, un aspecto de nuestra conciencia, que es inconscientemente adicto a entrar en el plano mental con el propósito de intentar comprender «lo que ha ocurrido» y «cómo impedir que eso que ha ocurrido vuelva a ocurrir», se ancla en el momento presente.

La consecuencia de este anclaje de la atención, de este incremento de la conciencia de la presencia, es que el estado energético no integrado en torno al cual este aspecto de nuestra conciencia ha estado zumbando ya no recibe su dosis habitual de atención.

Como un niño necesitado y lleno de carencias que no obtiene lo que desea, o un hábito enconado que no es alimentado, este estado energético empieza a reaccionar. Puesto que nuestra conciencia ya no está prestándole atención como un cómplice del deseo de integración de la mente, esta energía no integrada comienza a vibrar de una forma que hace que salga a la superficie de nuestra percepción consciente.

Cuando este estado causal inconsciente sale a la superficie de nuestra conciencia, sigue la corriente energética tal como la dicta el Camino de la Conciencia siempre que nos acercamos conscientemente a lo vibracional. Recuerda: ahora hemos emprendido deliberadamente un viaje en el que estamos desandando los pasos energéticos que dimos en el Camino de la Conciencia. En consecuencia, el fluir energético de nuestro viaje a partir de este punto en el texto va de lo físico a lo mental a lo emocional, con la intención de entrar en una conversación experiencial con lo vibracional.

Cuando anclamos deliberadamente un aspecto de nuestra conciencia en el momento presente mediante un no-hacer como, por ejemplo, la respiración conectada conscientemente, las circunstancias energéticas inconscientes que solían absorber adictivamente este aspecto de nuestra conciencia, aparecen inicialmente en nuestra experiencia en forma de sensaciones *físicas* desconocidas y molestas, luego en forma de historias *mentales* convincentes, y finalmente en forma de signaturas *emocionales* de temor, ira y tristeza.

DE ENEMIGO A ALIADO

11

Llegado este punto de nuestra aventura, es crucial que modifiquemos nuestra relación perceptual con lo que llamamos «dolor y malestar».

Hemos aprendido, a través del ejemplo de otras personas, a dar por sentado que el dolor y el malestar vienen para hacernos daño y que, por lo tanto, deben ser erradicados a toda costa. En consecuencia, reaccionamos instintivamente a la aparición del dolor y el malestar controlándolos, sedándolos, cortándolos y medicándolos. «Hacemos» lo que sea necesario para eliminar nuestra conciencia de ellos. Este error de percepción suele tener consecuencias perjudiciales y, en ocasiones, fatales.

El dolor y el malestar no aparecen para hacernos daño, sino para mostrarnos dónde estamos sufriendo. El dolor y el malestar no provocan el sufrimiento. Reaccionar a nuestro dolor y a nuestro malestar como si estuviera pasando algo malo es lo que produce el sufrimiento.

El sufrimiento es consecuencia de sedar y controlar nuestro dolor y nuestro malestar. Llega cuando intentamos adormecer las comunicaciones provenientes de nuestro cuerpo emocional, las cuales se reflejan como sensaciones molestas en nuestros cuerpos mental y físico.

En este sentido, el dolor que se desencadena mediante un no-hacer no es un enemigo. Es un aliado.

El dolor es un portal

Una de las primeras cosas que se despiertan con una práctica del no-hacer, como por ejemplo la respiración conectada conscientemente, es la conciencia de sensaciones molestas en nuestro cuerpo físico. Estas sensaciones son un reflejo de los desequilibrios energéticos que hay en nuestro cuerpo emocional.

Estas sensaciones físicas molestas son mensajeros y aliados cuya *única tarea* es guiarnos para que podamos restablecer una conversación con lo inefable. *Nuestra* tarea consiste en sentirlas sin intentar convertirlas en otra cosa.

Es posible que aparezcan en forma de dolores, calambres, bochorno, molestias leves y todo tipo de sensaciones físicas desconocidas. Al *sentir* nuestro dolor y malestar sin censurarlos, despertamos nuestra capacidad de sentir. Estar dispuestos a sentir nuestro dolor y malestar físicos es el primer paso para reavivar la conciencia del cuerpo emocional.

Bajo esta luz, las sensaciones físicas desconocidas que surgen a través de un no-hacer como la respiración conectada conscientemente son portales. Son un rito de paso hacia el nuevo despertar de la conciencia del cuerpo emocional. Son el pasadizo correcto a través del cual volvemos a entrar en la percepción sentida.

Cuando nos sentimos cómodos con nuestro malestar físico, automáticamente avanzamos por el Camino de la Conciencia, de físico a lo mental. Nos abrimos a recibir una revelación sobre el verdadero estado de nuestro cuerpo emocional.

Las herramientas perceptivas

Cuando nuestro propósito de recuperar la presencia física ha quedado establecido, el siguiente paso consiste en avanzar hacia adentro por el Camino de la Conciencia mediante una invitación a la claridad mental. Para activar la claridad mental es necesario el mismo enfoque de «no-hacer» mientras nos iniciamos a través de la respiración conectada conscientemente.

Uno de los medios más poderosos para lograr la claridad mental son las herramientas perceptivas. Una herramienta perceptiva es una forma de pensamiento que nos invita a enfocar nuestra experiencia de vida de una manera distinta, eso es todo. Es percibir nuestra experiencia de vida desde un punto de vista alterado deliberadamente y luego observar las consecuencias. Todo el texto de este libro es una herramienta perceptiva formada por muchas herramientas perceptivas. Por el simple hecho de leer este texto, nuestra percepción (y, por ende, nuestro punto de vista) cambiará irreversiblemente.

El Camino de la Conciencia, por ejemplo, es una herramienta perceptiva. Una vez que hemos visto el movimiento de este camino energético dentro de la dinámica de nuestra propia experiencia de vida, no podemos dejar de verlo. El Ciclo de Siete Años también es una herramienta de la percepción. Una vez que hemos visto su desarrollo cíclico dentro de la dinámica de nuestra propia experiencia de vida, no podemos dejar de verlo.

Una herramienta perceptiva convierte al cuerpo mental en un altar.

Para lograr esta trasformación perceptiva no tenemos que «hacer» nada. Esto se activa simplemente mediante el uso consciente de nuestra atención y nuestra intención.

Una herramienta perceptiva *abre* algo, facilita *una apertura* en nuestra conciencia que es «inefable». Esta apertura es un sentimiento, y ese sentimiento es un portal que nos lleva a una conciencia de nuestra identidad majestuosa.

Cerrar la abertura

De la misma manera que el cuerpo mental puede ser un aliado para facilitar una abertura, si se le permite dirigir el espectáculo también puede reducir la experiencia de la apertura al adormecimiento de la inconsciencia.

Observemos un ejemplo de cómo hace esto el cuerpo mental, examinando la palabra «*beautiful*». Según el cuerpo mental, el significado de esta palabra tiene algo que ver con las apariencias que son placenteras para la mente. No obstante, si exploramos la palabra fonéticamente y decimos lentamente la frase *be you 'til full* –*be you «'til full»*– y luego pronunciamos otra vez la palabra «*beautiful*», súbitamente esa palabra provoca en nosotros la sensación de *una apertura*. El impacto de esta apertura está en el sentimiento que pone en marcha.

Si somos tan mentales como lo somos la mayoría de los humanos actualmente, hacemos a un lado la experiencia sentida inicial de la apertura e inmediatamente nos preguntamos con cuántas otras palabras en el idioma inglés podemos realizar este ejercicio. Entonces nos perdemos en el análisis del cuerpo mental y dejamos de estar en el momento al que nos invitó la apertura.

Esto ilustra cómo una herramienta perceptiva puede ser una aliada o una distracción. Todo depende de la calidad de nuestra intención. ¿Nos permitimos reposar dentro de la apertura, o nos cerramos rápidamente al dedicarnos a un interminable análisis mental y a la complejidad?

Vamos a experimentar esto otra vez. Tomemos la palabra «*surrender*» y luego examinemos la frase *sure ender*". O tomemos la palabra «*intimacy*» y luego examinemos la frase *into me and see*"". ¿Nos permitimos sentir la apertura a la que nos invitan estas palabras una vez que somos conscientes de las frases contenidas dentro de ellas? ¿O nuestro cuerpo mental todavía se está preguntando qué otras palabras del idioma inglés están construidas de esta manera?

¡Despierta! ¡En el interior de cada aspecto de la creación hay profundos niveles de inteligencia iluminadora! Toda la vida es una

---

* En inglés, *beautiful* significa «hermoso», y *be you till full* significa «sé tú mismo hasta que te llenes». (*N. de la T.*)

** En inglés *surrender* significa «rendirse» y si dividimos la palabra en dos *sure ender* significa: «final seguro».

*** En inglés intimacy significa «intimidad» y si dividimos la palabra en dos *into me and see* significa: «(entra) en mí y mira».

apertura. Sin embargo, estos portales están ocultos para los que nos hemos convertido en personas completamente mentales en relación con todas las cosas.

Estas puertas, aunque se reconocen mediante un uso consciente del cuerpo mental, solamente permiten el tránsito hacia una conciencia más profunda cuando la entrada se realiza con una percepción sentida.

La esencia de cualquier modificación realizada con una herramienta de percepción no es consecuencia de una comprensión mental, sino de un impacto sentido.

Claridad mental

La claridad mental se basa en la comprensión de dos cosas fundamentales. La primera es que la calidad de nuestra experiencia de vida está determinada por el estado de nuestro cuerpo emocional. La segunda es que nosotros somos responsables, personalmente, del estado de nuestro cuerpo emocional.

Como ya señalamos, otras personas pueden realizar tareas físicas en nuestro nombre. Pueden enviar cartas en nuestro nombre, pueden mover objetos por nosotros, e incluso, si son lo bastante fuertes, pueden levantarnos y cargarnos. Mentalmente, otras personas también pueden hacer tareas por nosotros. Pueden realizar investigaciones y comunicarlas en nuestro nombre, e incluso pueden idear estrategias por nosotros. Pero cuando se trata de nuestras emociones, nadie puede sentir por nosotros. Cualquier persona que afirme que puede hacerlo se está engañando.

Como también hemos demostrado, la calidad de la experiencia está determinada por la forma en que nos *sentimos* respecto a nuestra experiencia, la cual, en sí misma, está determinada por el estado de nuestro cuerpo emocional en cualquier momento dado.

No importa cuáles son las circunstancias físicas, ni tampoco lo que nos decimos conceptualmente acerca de nuestra experiencia, y no importa cuánto pensamos sobre una situación y cuánto la analizamos, si no nos *sentimos* cómodos en ella, no estamos cómodos en ella. Si intentamos recuperar una conciencia de la paz, sólo lo lograremos cuando *sintamos* paz. Y nosotros (y nadie más) tenemos las riendas de nuestra capacidad de hacerlo.

El momento en que tenemos esto claro es el momento en que dejamos de usar nuestro cuerpo mental para pensar y analizar las cosas para salir de nuestro malestar y regresar a una conciencia de la paz. Entonces empezamos a utilizar nuestro cuerpo mental en su frecuencia más alta: como una herramienta para la navegación.

La información no es conocimiento

La información no es conocimiento. Pero, debido a nuestro exagerado estado mental, actualmente vivimos en un estado de percepción en el cual confundimos, información con conocimiento.

La información solamente se convierte en conocimiento cuando se combina con *experiencia*. Sólo cuando actuamos desde este punto de conciencia (información + experiencia = conocimiento), activamos la resonancia llamada *sabiduría*.

Decirnos mentalmente que *la calidad de nuestra experiencia de vida está determinada por el estado de nuestro cuerpo emocional* y que *nosotros somos responsables del estado de nuestro cuerpo emocional,* no es suficiente. Incluso cuando llegamos a este punto de comprensión mediante un razonamiento deductivo inteligente, como hemos hecho hasta ahora, sigue sin ser suficiente. Para que el cuerpo mental se sienta satisfecho de que ésta sea la verdad, para así soltar el dominio y el control, debemos colocar esta información en el altar de la experiencia.

Lo que hace que una experiencia sea «una experiencia» es que contiene la trinidad completa de la mente integrada: los componentes físico, mental y emocional. La resonancia llamada «conocimiento» que trasforma las palabras a partir del parloteo mental, de la información al verdadero conocimiento, tiene lugar cuando los componentes físicos y emocionales se añaden a los mentales.

Por este motivo, cuatro años de estudios con libros y de clases en un instituto superior o una universidad sólo garantizan que producirán personas mentales: individuos cargados de información, pero privados del recipiente experiencial de la interacción física y emocional necesaria para convertir la información acumulada en auténtico *conocimiento*.

Móntate en la montaña rusa

Si nos piden que hagamos una presentación verbal sobre una montaña rusa, hay una serie de formas de enfocar esto:

Podemos pasar un día en un parque temático observando una montaña rusa. Después, podemos hablar sobre la montaña rusa desde el punto de vista de la observación, de estar en presencia física de una.

Podemos ir a una biblioteca y sacar un libro sobre la fuerza de gravedad y los parámetros de ingeniería que entran en la fabricación de montañas rusas. Después de esta investigación mental, podemos hablar del tema de acuerdo con la información acumulada, de acuerdo con nuestra comprensión mental de ella.

Podemos montarnos en una montaña rusa durante cinco minutos.

Adivina cuál de las charlas será un poco aburrida. Adivina cuál de las charlas capturará la atención de los demás. Adivina cuál de las charlas inspirará a otras personas a montarse en una montaña rusa. Adivina cuál de las charla provendrá de la resonancia del conocimiento personal. Adivina cuál de las charlas saldrá del corazón y cuál saldrá de la cabeza.

Ciertamente, podríamos hacer las tres cosas: observar, estudiar y entrar en la experiencia. Este tipo de enfoque holístico de cualquier tema provoca un debate verdaderamente integrado. No obstante, si no nos montamos realmente en la montaña rusa, si no tenemos la verdadera experiencia, nos perdemos en los interminables pasadizos de información del reino mental.

La sabiduría nace cuando nos damos cuenta de que información + experiencia = conocimiento.

«Cómo» es control

Cuando decimos que la calidad de nuestra experiencia de vida está determinada por el estado de nuestro cuerpo emocional y que nosotros somos responsables del estado de nuestro cuerpo emocional, es importante que nos demos la oportunidad de respaldar esta afirmación con una experiencia real. Esta experiencia puede acumularse fácilmente dirigiendo conscientemente cualquier aspecto de nuestra vida cotidiana.

Vamos a citar un ejemplo de dirigir nuestra experiencia imaginando que estamos tomando un vuelo de Nueva York a Sudáfrica. Un vuelo así es largo, y los viajes largos pueden hacer que uno se sienta agotado al llegar a destino. La posibilidad de llegar agotados puede animarnos a controlar nuestra experiencia en un intento de llegar en un estado más favorable. No obstante, si intentamos controlar los numerosos aspectos de esta experiencia con la finalidad de forzar un resultado deseado, ¡es probable que acabemos todavía más agotados! Controlarlo todo es, en sí mismo, una ocupación agotadora.

¿Qué es lo que estamos intentando conseguir cuando recurrimos al control? Todos los aspectos de cualquier experiencia que intentemos controlar nos mienten en el *cómo* de la experiencia.

Fíjate que, cada vez que alguien nos habla de las dificultades a las que se está enfrentando en su vida, suele utilizar la palabra *cómo*. La dificultad de la vida siempre reside en *el cómo*. «¿Cómo voy a hacer esto?» o «¿Cómo voy a hacer eso?».

Este dilema del «cómo» surge únicamente porque siempre estamos intentando hacerlo todo nosotros. Tenemos poca o ninguna fe en el punto causal de la calidad de nuestra experiencia, porque mientras estemos hipnotizados por lo físico y estemos enredados mentalmente, creeremos que nuestra experiencia nos está ocurriendo *a* nosotros, y no *a través* de nosotros. En consecuencia, habitualmente recurrimos al control como un medio para defendernos de los puntos de malestar que parecen estar imponiéndose en nuestra experiencia.

Siempre que usamos la palabra «cómo» en relación con un problema que estamos teniendo, lo que en realidad estamos diciendo es: ¿Cómo controlo lo que me está ocurriendo y lo que está ocurriendo a mi alrededor?

DIRIGIR NUESTRAS EXPERIENCIAS

—

12

Hay un método para enfrentarnos conscientemente a los desafíos de la vida que es viejísimo, pero sólo lo recordamos cuando nos damos cuenta de la importancia de componente «sentido» para determinar la calidad de nuestra experiencia humana.

Para ilustrar la mecánica de este método, regresaremos al ejemplo de tomar un vuelo de Nueva York a Sudáfrica. Cuando sabemos que, definitivamente, vamos a tomar ese vuelo, es posible que decidamos asumir la responsabilidad de la experiencia conduciéndola conscientemente. El actuar conscientemente, como ya hemos dicho, es el uso más noble que podemos hacer de nuestro cuerpo mental.

Aplicamos el arte de actuar conscientemente honrando el fluir del movimiento energético dentro del Camino de la Conciencia que siempre utilizamos cuando manifestamos nuestras experiencias en la tierra: de lo emocional a lo mental y luego a lo físico.

PRIMER PASO: PONEMOS NUESTRA ATENCIÓN EN EL DESENLACE DE NUESTRA EXPERIENCIA, EN EL MOMENTO EN EL QUE ESTAMOS DESEMBARCANDO DEL AVIÓN Y ENTRANDO EN EL AEROPUERTO INTERNACIONAL OLIVER TAMBO EN SUDÁFRICA. CUANDO NOS VEMOS LLEGANDO AHÍ, PONEMOS UN SENTIMIENTO A ESTA VISUALIZACIÓN: *LA FORMA EN QUE ELEGIMOS SENTIRNOS EN EL DESENLACE DE NUESTRO VIAJE.* Podemos elegir sentirnos relajados, renovados y de buen humor. El aspecto más importante de este primer paso en nuestro procedimiento es que, cuando nos visualicemos llegando a Sudáfrica, debemos traer, simultáneamente, a nuestra conciencia *ahora* el sentimiento que deseamos tener en el desenlace de nuestro viaje. Si no somos capaces de sentir ese sentimiento deseado *ahora*, ¿cómo vamos a sentirlo cuando lleguemos en «el ahora» de ese momento visualizado? (Sólo existe el ahora). Cuando logramos visualizarnos llegando a nuestro destino y, simultáneamente, colocamos ese sentimiento sobre esa imagen, sintiéndonos así ahora, entonces lo soltamos inmediatamente. No debemos permanecer en este primer paso. No debemos concentrarnos profundamente en este propósito. Lo vemos sin esfuerzo, lo sentimos y luego lo soltamos. La falta de esfuerzo se consigue con la falta de esfuerzo. La única ocasión en la que debemos regresar a este paso es si experimentamos ansiedad respecto al vuelo que se aproxima y sólo entonces. Cuando descubrimos que estamos teniendo este comportamiento inconsciente (de ansiedad), ponemos nuestra atención en el campo de la ansiedad y sentimos ese malestar que está surgiendo sin intentar cambiarlo o trasformarlo. Lo dejamos ser. Después de unos minutos, lo cubrimos suavemente con la petición sentida que hemos dirigido. Luego, lo soltamos sin esfuerzo, una vez más.

SEGUNDO PASO: NOS ASEGURAMOS DE TENER TODA LA INFORMACIÓN MENTAL QUE NECESITAMOS PARA NUESTRO VIAJE. Esto puede incluir la hora en que sale el vuelo, el número de vuelo, el número de confirmación y, si es necesario, la información sobre los visados.

TERCER PASO: NOS ASEGURAMOS DE ESTAR PREPARADOS FÍSICAMENTE PARA EMBARCAR EN ESTE VIAJE. Hacemos las maletas, nos aseguramos de tener nuestro pasaporte y nuestro billete, etc.

CUARTO PASO: CUANDO LLEGA EL DÍA DEL VIAJE, ENTRAMOS EN LA EXPERIENCIA Y DEJAMOS QUE SE DESARROLLE SIN NINGÚN PLAN, O CONTROL, O INTERFERENCIA. Nos dejamos llevar por la corriente del viaje, tanto si percibimos que está fluyendo a nuestro favor como si no lo está. Nos rendimos: acabamos sintiéndonos seguros. Ésta es la parte difícil porque, para que la experiencia nos dé el desenlace que hemos creado, tenemos que descartar todas nuestras suposiciones sobre cómo se va a desarrollar. ¡Debemos quitarnos de en medio! *Desde el momento en que entramos en la experiencia dirigida, cualquier molestia inesperada es el universo que está reorganizando las circunstancias para que podamos experimentar el desenlace deseado.* Si interferimos con el desarrollo de la experiencia, si *sentimos miedo*, saboteamos el desenlace deseado. Cuando nos quitamos de en medio, vemos cómo una fuerza aparentemente invisible organiza las circunstancias de una forma que nosotros no podríamos haber orquestado o facilitado. Una vez que hemos visto al universo en acción de esta manera, nos damos cuenta de que si dirigimos conscientemente nuestras experiencias y luego dejamos que se desarrollen sin interferir, el «cómo» es orquestado por el universo. Esto es un milagro. Lo que Dios es para nosotros es el «cómo». Dejar que el cómo de la experiencia quede en manos del universo permite que lo que Dios es para nosotros nos acompañe como el cocreador de nuestras experiencias.

El niño es un creador

El niño es creado a «imagen de Dios» y el niño es el cuerpo emocional. Cuando trabajamos conscientemente y dejamos que el niño (el cuerpo emocional) funcione como el punto causal de nuestras experiencias, permitimos que una fuerza que es omnipresente, omnisciente y todopoderosa se una a nosotros como un miembro cocreador de nuestro equipo de manifestación.

Lo inverso también se aplica. Cuando dejamos inconscientemente que el niño (el cuerpo emocional) funcione como el punto causal de nuestras experiencias, permitimos que una fuerza que es omnipresente, omnisciente y todopoderosa manifieste la calidad de nuestras experiencias basándose en el estado no integrado y grabado de un niño de siete años.

Una advertencia: sólo debemos dirigir el desenlace de nuestras experiencias a través del contenido sentido, y no a través de una petición de detalles mentales y parámetros físicos específicos. Lo que Dios es para nosotros inicialmente sólo es tangible para nosotros en el sentimiento. Por lo tanto, a través del parámetro del sentimiento es como conversamos más eficazmente con nuestra fuente creativa.

Los detalles sirven únicamente para confundirnos al permitir que el cuerpo mental imponga su obstinación sin corazón.

La experiencia como maestra

El procedimiento de conducción de cuatro pasos que acabamos de ilustrar puede usarse para dirigir conscientemente cualquier experiencia y todas las experiencias. Podemos usarlo para dirigir el desenlace sentido de cada día, de reuniones de negocios, de la resolución de conflictos, o de cualquier experiencia en la que seamos conscientes de que estamos entrando.

Cuando nos damos cuenta de que podemos manifestar cualquier sentimiento que pidamos como un desenlace dirigiendo conscientemente nuestras experiencias, y que al llegar al desenlace deseado estamos predeterminando la calidad de la experiencia, entonces, a través de la experiencia personal, sabemos física, mental y emocionalmente que la calidad de nuestras experiencias en la vida está determinada por el estado de nuestro cuerpo emocional, y de que somos responsables del estado de nuestro cuerpo emocional. De este modo, nuestra experiencia de vida se convierte en nuestra maestra. Metafóricamente, nos hemos subido a la montaña rusa, hemos hecho el paseo y hemos permitido que la experiencia sea nuestra guía.

Cuando bendecimos nuestros encuentros humanos con la responsabilidad que es inherente al hecho de dirigir conscientemente nuestras experiencias en la vida, trabajando causalmente con el cuerpo emocional y viendo el milagro que eso representa, estamos preparados para empezar a controlar nuestro continuo pensar y analizar. Entonces estamos preparados para aceptar que el cuerpo mental es un puente que hay que cruzar, un pasillo por el que hay que avanzar y un pasadizo que nos lleva al corazón de la cuestión.

En este punto de nuestro viaje, establecemos nuestra intención de descubrir el verdadero estado del cuerpo emocional, recuperar su equilibrio y explorar su papel en la facilitación de una conversación experiencial con lo inefable.

La llave perdida

Fíjate que bajo todos nuestros pensamientos confusos y repetitivos hay un «ruido» energético, una resonancia incómoda que podemos sentir claramente cuando ponemos nuestra atención en ella. En este texto, a esto lo llamamos una signatura emocional disfuncional.

Cuando aceptamos la *experiencia como maestra*, nos damos cuenta rápidamente de que no tiene sentido intentar cambiar o detener la fuerza nuestros pensamientos confusos y repetitivos sin haber prestado atención antes a la signatura emocional disfuncional subyacente. Esto se debe a que, de acuerdo con el Camino de la Conciencia, nuestros pensamientos están impulsados por el estado emocional de nuestro cuerpo.

En lugar de intentar forzar mentalmente un cambio en nuestros pensamientos, es más efectivo concentrar nuestro tiempo y nuestra energía en tomar conciencia de la signatura emocional disfuncional que está debajo de esos pensamientos y luego modificarla conscientemente. Cuando accedemos a la signatura emocional disfuncional y la modificamos, los procesos de pensamiento con los que estamos luchando se trasforman automáticamente para reflejar esta modificación causal.

El hecho de enfocar nuestra experiencia de esta manera está lleno de integridad. Estamos afectando eficazmente la calidad de nuestra experiencia humana porque somos conscientes de la correcta aplicación de los componentes que la manifiestan.

Cuando llegamos a este nivel de responsabilidad personal, estamos preparados para despertar a la verdadera resonancia de la *intimidad*.

Sanar

A partir de este punto en este texto, cuando usemos la palabra «sanar» nos estaremos refiriendo específicamente a la modificación sentida consciente de la disfunción que está grabada en el cuerpo emocional.

Cuando se irradia conscientemente del cuerpo emocional hacia los parámetros mentales y físicos de nuestra experiencia, esta disfunción grabada se manifiesta en forma de experiencias sintomáticas como accidentes, enfermedades y adicciones.

Cuando usamos la palabra «sanar», no nos estamos refiriendo a ocuparnos físicamente de unas heridas o unos síntomas, ni tampoco a discutir mentalmente un diagnóstico. Nos estamos refiriendo al momento preciso en el que afectamos energéticamente al *punto causal* de cualquier estado de malestar físico y mental externo mediante la percepción sentida.

Sentir es sanar

Dado que el estado energético del cuerpo emocional se define dentro de nosotros a través de la grabación antes de la edad de siete años, metafóricamente podemos ver este atributo de nuestra experiencia como el «niño». Puesto que es como un niño, es simple, no es complejo. Siente, y consigue todas las cosas a través del sentimiento.

En cuanto restablecemos el equilibrio en nuestro cuerpo emocional, este estado energético modificado irradia automáticamente hacia afuera por el Camino de la Conciencia, y llega a nuestros procesos mentales y a nuestras circunstancias físicas. Para restablecer el equilibrio en nuestro cuerpo emocional sólo es necesario tener una intención: *sentir lo que está ocurriendo*. El cuerpo mental, rascándose la cabeza incrédulo, quiere preguntar: «¿Cómo puede ser esto posible?».

Vamos a ilustrar cómo el cuerpo emocional restablece el equilibrio «sintiendo lo que está ocurriendo». Usaremos el hecho de estar de pie, en equilibrio sobre nuestros dos pies, como metáfora de una experiencia humana sana y emocionalmente equilibrada.

Si estamos de pie con las manos a lo largo de los costados, con los ojos cerrados, y nos dejamos caer gradualmente hacia adelante, pasado cierto punto perderemos el equilibrio por completo, nos caeremos hacia adelante y nos golpearemos contra el suelo. Esta experiencia de caer al suelo es semejante al desarrollo de un *síntoma* de falta de equilibrio. Representa una porción de tiempo no integrado que puede manifestarse en nuestra experiencia en la vida en forma de un accidente, una enfermedad o una adicción.

El motivo por el cual nos caemos hacia adelante o hacia atrás hasta el punto de golpearnos contra el suelo es que somos incapaces de sentir cuán fuera de equilibrio estamos. En otras palabras, perdemos el equilibrio porque tenemos una capacidad de sentir mermada: una falta de conciencia del cuerpo emocional.

Es posible que, mientras estamos cayendo, intentemos contrarrestar esta circunstancia mentalmente abriendo los ojos, observando el ángulo cambiante de nuestro cuerpo que cae y diciendo: «Estoy cinco grados fuera de equilibrio y perdiendo el equilibrio gradualmente a 2,58 grados cada 3,29 milisegundos. Para recuperar el equilibrio, mejor muevo mi peso en la dirección opuesta a unos 1,99 grados cada 1,45 milisegundos». Este enfoque de calcular mentalmente nuestra difícil situación y luego realizar modificaciones físicas según esos cálculos mentales, ilustra la tarea que hemos colocado en el regazo de la terapia tradicional y la psiquiatría.

Cuando sólo invertimos nuestra energía en esta aproximación mental de pensamiento y análisis, por muy precisos que hayan sido nuestros cálculos de la situación o el diseño de nuestro método de recuperación, aún así, continuaremos cayendo. Esto se debe a que *cuando estamos pensando en nuestra situación, no estamos sintiendo.*

Es sumamente difícil pensar y sentir al mismo tiempo. Incluso con los ojos bien abiertos, el pensar y el analizar (puesto que adormecen nuestra capacidad de sentir) inevitablemente nos llevan a perder el equilibrio, caer todavía más y acabar en el suelo. Cuando nos aproximamos a un aspecto desequilibrado de nuestra experiencia humana únicamente con el cuerpo mental, las consecuencias son *ineficaces*.

No mismo ocurre cuando nos aproximamos a una experiencia humana desequilibrada únicamente en el aspecto físico. Una vez que hemos perdido el equilibrio, por mucho que agitemos los brazos o modifiquemos nuestra postura, no servirá de nada. De hecho, pasado cierto punto de desequilibrio, cuanto más tratemos nuestra experiencia sintomática con tratamientos y medicamentos, más probabilidades tendremos de acelerar el momento en que nos daremos contra el suelo.

Al volver a despertar nuestra capacidad de sentir lo que está ocurriendo en el momento, y al confiar en el ímpetu de nuestros sentimientos, podemos sentir, incluso con los ojos cerrados, cuánto nos estamos inclinando y, automáticamente, contrarrestar esa fuerza de tal manera que recuperemos el equilibrio.

Es posible que esta ilustración sea simplista, pero revela un simple secreto concerniente al funcionamiento del cuerpo emocional. Cuando nos permitimos sentir el verdadero estado de nuestro cuerpo emocional, sin intentar cambiar lo que estamos sintiendo, damos al cuerpo emocional el poder para iniciar el proceso de restablecer el equilibrio. Permitimos que las circunstancias energéticas suprimidas que hemos catalogado como miedo, ira y tristeza, vuelvan a entrar en movimiento para alcanzar la conclusión y dar lugar a la integración.

Es así de simple. Hacerlo más complejo que esto es convertirnos en personas mentales. Sentir es sanar.

La sanación como causal

Cuando nos apoyamos únicamente en las capacidades del aspecto mental o físico de nuestra experiencia para sanar nuestro sufrimiento, inevitablemente hacemos que la experiencia de sanar, o de volver a estar completos, sea innecesariamente compleja.

Esto se debe a que, por sí solo, ni el componente físico ni el componente mental de nuestra experiencia humana tienen la capacidad de facilitar el momento de la sanación.

Lo físico puede reflejar para nosotros lo que hay que sanar. Lo mental puede darnos el poder de descifrar los reflejos percibidos en lo físico y luego dirigir nuestra atención hacia el punto causal del síntoma. Pero ambos se quedan mudos cuando se produce el diagnóstico y el punto causal es revelado. A partir de ese momento, sólo sirve la percepción sentida.

Cuando no nos damos cuenta de esto y, por lo tanto, convertimos la sanación en una tarea del cuerpo físico, invariablemente acabamos agotados después de todos los complicados procedimientos y posturas que realizamos. Antes de darnos cuenta de lo que estamos haciendo, estamos dándonos enemas de café, o parándonos sobre una pierna mientras bebemos una mezcla de zumo de zanahoria y mostaza, al tiempo que intentamos respirar sonriendo con nuestro riñón izquierdo. O, como alternativa, nos refugiamos en la sedación y el control de los medicamentos.

El aspecto físico de nuestra experiencia humana sólo puede ayudarnos a *re-cover** (recuperarnos): a sedar y controlar nuestros síntomas cubriéndolos. El aspecto físico de nuestra experiencia humana no puede sanar nada, por sí solo, a través de la recuperación. Puede cuidar eficazmente las heridas y ocuparse de los síntomas de la enfermedad y el malestar, pero no puede encargarse del punto causal.

Asimismo, si convertimos al acto de sanar en una tarea del cuerpo mental, éste también se frustra y empieza a inventar historias, diseñando procedimientos complejos, etiquetando los sínto-

---

* Otro juego de palabras. En inglés, *recover* significa «recuperar», pero si lo descomponemos en *re-cover*, puesto que *cover* significa «cubrir», obtenemos «volver a cubrir». (*N. de la T.*)

mas con nombres extravagantes en latín e imaginando todo tipo de causas y desenlaces ilusorios para nuestro problema.

Antes de que nos demos cuenta de lo que estamos haciendo, estamos condenándonos a unos síntomas de por vida, intentando «activar nuestra Merkabah» o «reconfigurar nuestro cuerpo de luz», o entrando en enredos mentales sin base, fantasiosos. Esto se debe a que el aspecto mental de nuestra experiencia humana no puede sanar en sí mismo ni por sí mismo. Es capaz de participar en la facilitación de un diagnóstico acertado y en dirigir la concentración de nuestra atención hacia el punto causal de la enfermedad, pero no es un sanador.

Ni el cuerpo mental ni el cuerpo físico son sanadores. Expresan lo que necesita ser sanado, facilitan los síntomas de la recuperación, prestan atención al sitio en el que se hay que realizar la sanación y luego irradian las consecuencias de la sanación una vez que está se ha realizado mediante la percepción sentida. No son causales, son asistentes.

Puesto que nuestro cuerpo emocional es el punto causal de la calidad de nuestra experiencia, la sanación (o el regreso a una conciencia de nuestra plenitud inherente) se inicia directamente a través de nuestro cuerpo emocional por vía de la percepción sentida.

MIEDO, IRA Y TRISTEZA

13

Cuando entramos conscientemente en el verdadero estado de nuestro cuerpo emocional y pasamos por él, estamos viajando por el Camino de la Conciencia, de la misma manera que cuando rezamos o deseamos conocer lo que es Dios para nosotros. Pasamos de lo físico a lo mental y luego a lo emocional. Debido a esto, nuestro movimiento por las resonancias disfuncionales del cuerpo emocional va del miedo (físico) a la ira (mental) y luego a la tristeza (emocional).

EL MIEDO ESTÁ ARRAIGADO EN NUESTRA EXPERIENCIA FÍSICA. El miedo se relaciona con nuestro apego al cuerpo, a la materia y a nuestro limitado sentido de la mortalidad que proviene de este apego. Tenemos muchísimo miedo de ser heridos o lastimados físicamente, y de morir. Detrás de todo nuestro miedo está la palabra «muerte». Esta idea, que *nosotros* podemos morir, se funda en el hecho de estar absortos en los aspectos físicos de nuestra experiencia. Nos identificamos con nuestra experiencia física, en lugar de hacerlo con nuestra experiencia vibracional. Energéticamente, miedo es el nombre que le damos a cualquier circunstancia que no reconocemos y para la cual no tenemos ningún punto de referencia. Hasta que integremos nuestro miedo, no tendremos ninguna capacidad de discernimiento.

LA IRA ESTÁ ARRAIGADA EN NUESTRA EXPERIENCIA MENTAL. La ira está relacionada con la venganza, y la venganza siempre está enganchada a un argumento mental. La ira está enraizada en la historia que nos contamos a nosotros mismos, en la cual el argumento atribuye nuestras circunstancias a factores externos. La ira es el combustible mental que enciende todo acto de culpar y juzgar. Fractura todos los pensamientos y destruye toda claridad mental. Debajo de la ira está la creencia de que somos víctimas o vencedores. Está arraigada en la suposición de que nuestra experiencia de vida *nos está ocurriendo* y, por lo tanto, esencialmente no somos responsables de ella. Energéticamente, ira es un nombre que se le da a cualquier circunstancia que nos sabemos cómo manejar. Hasta que integremos nuestra ira, no podremos hacernos valer de una forma sana. Sólo podemos intentar hacernos valer de una forma agresiva. No tenemos la capacidad de hacernos valer de una forma serena y centrada que refleje una consciencia y una presencia verdaderas.

La TRISTEZA ESTÁ ARRAIGADA EN NUESTRA EXPERIENCIA EMOCIONAL. La tristeza está relacionada con un profundo pesar y siempre va ligada directamente a un sentimiento de haber «perdido el tren» o «no haber dado en el blanco». Apunta a algo profundo dentro de nosotros que parece haberse perdido o haber desaparecido. Energéticamente, la tristeza es un nombre que le damos a cualquier circunstancia a la que nos estamos aferrando y que no sabemos cómo soltar, o a cualquier experiencia que esperábamos manifestar y que no se ha materializado. Hasta que integramos nuestra tristeza, no tenemos la capacidad de sentir profundamente sin perder el equilibrio.

El miedo es la llave

El miedo es el estado energético que separa el trigo de la paja. Esto es así porque somos incapaces de enfrentarnos a nuestro miedo por otra persona, o a causa de otra persona. No podemos entrar en nuestro propio miedo auténticamente si no es a través de la intención de hacerlo por nosotros mismos.

Hasta que examinamos auténticamente nuestro miedo, no sacamos a la luz auténticamente nuestra ira y nuestra tristeza, que son aún más difíciles de integrar.

Por lo tanto, si todavía no estamos preparados para enfrentarnos a nuestro miedo, eso quiere decir que todavía no estamos preparados para enfrentarnos a nuestra ira y nuestra tristeza.

Evitar enfrentarnos a nuestro miedo automáticamente nos cierra la entrada a la parte de nuestro viaje evolutivo que nos permite iniciar una conversación con lo inefable. Bajo esta luz, nuestro miedo es un portero deliberado. Por eso se dice que «El miedo es la llave».

¿Por qué tenemos miedo?

En realidad no es nuestro miedo personalmente reprimido lo que determina si estamos preparados, o no, para embarcarnos en el trabajo que nos permitirá crecer emocionalmente. Es el miedo que le tenemos a nuestro propio miedo no integrado.

Sin embargo, nuestro miedo no integrado no es nada: es *ninguna cosa*.

Nuestros miedos inconscientes están hechos de recuerdos y proyecciones fantasmales. Nuestros miedos personalmente reprimidos y no integrados, cuando interactuamos con ellos, son formas de pensamientos acerca de lo que ya ha ocurrido, o acerca de lo que todavía no ha ocurrido. No son ninguna realidad en este momento.

Cuando nos permitimos entrar en nuestro miedo reprimido, sin intentar cambiarlo (sin intentar convertir «unas bolas enredadas y nudosas de alambre de púas negro y sangrante en burbujas celestiales del radiante canto de un cisne», o cualquiera de esas tonterías), descubrimos inevitablemente lo que más tememos.

Nuestro mayor miedo es a nuestra propia ira y a las consecuencias, cargadas de ira, de permitirnos expresarnos plenamente. Tememos que, si nos permitimos expresar abiertamente la magnitud de nuestra ira, ¡podríamos destruir todo el planeta Tierra!

¿Por qué estamos enfadados?

Cuando nos permitimos quedarnos quietos en medio de nuestra ira, sin sedar o controlar la intensidad de la experiencia, sin contarnos historias y proyectarlas hacia otras personas, pronto descubrimos por qué estamos tan enfadados. Estamos enfadados porque nos han roto el corazón.

Como niños, irradiábamos inocente e incondicionalmente hacia nuestra experiencia de vida y, a menudo, la belleza de nuestro resplandor no se reflejaba en nuestras experiencias. Todos entramos en esta vida como seres vibracionales incondicionales, y el proceso de entrar en una experiencia condicional emocional, mental y física le rompe el corazón a cualquier ser incondicional.

Ahora estamos enfadados por nuestro cambio invisible de la presencia a la simulación.

Estamos enfadados porque tenemos que «portarnos bien» y quedarnos quietos como estatuas moviendo apenas un dedo del pie cuando las circunstancias de la vida están pidiendo que bailemos y cantemos jubilosos.

Estamos furiosos por estar encarcelados adictivamente, haciendo constantemente «lo correcto» y lo «que se espera de nosotros» para poder sobrevivir en el calculado y pretencioso mundo adulto.

Estamos cansados de «no arriesgarnos» y tener que aparentar que somos «una buena persona» para no «hacer enfadar a nadie» o «causar un conflicto innecesario».

Dentro de nosotros hay un niño que está amarrado por el orden, el control, la sedación, las expectativas, las críticas y la abnegación. Nuestra ira es ese niño que está en las mazmorras de nuestro corazón olvidado, pidiendo a gritos aire y luz solar.

Cada vez que nos automedicamos, estamos practicando un maltrato infantil interiorizado.

La fricción es movimiento

De las tres molestias emocionales, la ira es la más difícil de integrar. Esto se debe a que en el mundo adulto se nos permite tener miedo, e incluso se nos anima a hacerlo. Se nos permite comprar armas, equipar nuestras casas con sistemas de seguridad y rendir culto al crimen, la guerra y el «terror» como la motivación detrás de nuestras decisiones en la vida.

En el mundo adulto no está permitido estar tristes. Hemos desarrollado toda una gama de medicamentos para aliviar nuestra tristeza.

Puesto que no tenemos ninguna vía de salida para nuestra ira, la mayoría de nosotros la vuelve hacia su interior y desarrolla varios grados de parálisis emocional que se amontonan bajo el paraguas de la «depresión». También tenemos toda una gama de medicamentos para esto.

El crimen violento es una proyección de este veneno inyectado hacia adentro que está siendo expulsado hacia afuera en este planeta. Lo mismo ocurre con nuestra fascinación con la guerra y nuestra continuada participación en ella.

Cualquier vehículo que necesite un impulso hacia adelante se apoya en la fricción que hay debajo de sus ruedas para tener agarre e impulsarse hacia adelante. También se apoya en la fricción del mecanismo de frenado aplicado para detenerse. Cuando, consciente o inconscientemente, sentimos una ira no integrada, vivimos con los frenos energéticos puestos las veinticuatro horas del día, los siete días de la semana.

En consecuencia, hay grandes áreas de nuestra vida en las que no experimentamos ningún movimiento: experimentamos la parálisis. Cualquier momento en nuestra experiencia de vida en el que nos sentimos «estancados» es una pista para una manifestación de nuestra ira no integrada. Este estado de parálisis energética debido a una ira que está haciendo implosión es lo que es la depresión.

Sin embargo, lo que quizás todavía no hemos comprendido es que la ira es también el atributo para el movimiento en el cuerpo emocional más poderoso y menos aprovechado.

Sólo cuando integramos conscientemente nuestra ira somos capaces de hacernos valer eficazmente en nuestra experiencia de vida. Entonces, la misma fricción que es consecuencia de vivir con los frenos puestos se convierte en el medio para el impulso hacia adelante, para la trasformación.

A menos que cuidemos del niño enfadado (o la niña enfadada) que está dentro de nosotros, nuestra experiencia de vida seguirá estando estancada, y mientras sigamos «haciéndonos los muertos» seremos incapaces de integrar la tristeza que subyace a esa ira.

Llorar sin motivo

Al sumergirnos en las profundidades de nuestra ira, despertamos a la resonancia de un niño inocente con el corazón roto.

Cuando nos permitimos expresar plenamente esta tristeza reprimida, sola (sin motivos, sin tener que conocer ninguno de los detalles de la infancia de por qué estamos sintiendo esa pena, y sin necesitar o desear siquiera que otra persona nos consuele y nos diga «todo irá bien»), descubrimos la belleza majestuosa de las lágrimas como agentes desintoxicantes del cuerpo emocional.

Cuando avanzamos del miedo a la ira y luego a la tristeza, atravesando las numerosas capas, una y otra vez, nos damos cuenta de que esas circunstancias energéticas, cuando son sedadas y controladas, se convierten en lentes distorsionados a través de los cuales percibimos nuestra experiencia de vida en esta tierra.

Cuando abrazamos cada uno de nuestros estados emocionales no integrados y nos permitimos «estar dentro de ellos», experimentamos una trasformación perceptiva que modifica completamente nuestra forma de percibir la vida en la tierra. Vamos más allá del velo de los fantasmas del pasado y del futuro, y nos damos cuenta de *dónde* estamos realmente.

Solamente al avanzar conscientemente *a través* de estos estados emocionales no integrados, y al integrarlos gradualmente, podemos comprender experiencialmente por qué y cómo nuestro cuerpo emocional es un «rito de iniciación» para alcanzar la integración perceptiva.

Morir por vivir

La consecuencia de abrazar cualquier no-hacer que facilite el deshacer nuestra grabación emocional es que iniciamos varias resonancias de limpieza física, mental y emocional que percibimos como incómodas, y avanzamos a través de ellas.

Este incómodo acto de quitar de nuestra experiencia actual los revestimientos de nuestro pasado no integrado es una experiencia de muerte consciente: una muerte de lo que no es real, para que podamos volver a entrar en la auténtica resonancia del momento presente.

Esencialmente, puesto que los puntos causales de nuestras molestias actuales están anclados en el estado grabado de nuestro cuerpo emocional, esta experiencia de muerte y de limpieza es, en esencia, una *muerte emocional.*

Dado que estamos hipnotizados físicamente por el mundo, nuestra actual percepción de la muerte es que se trata, principalmente, de un hecho físico. Sin embargo, cuando despertamos a la conciencia de nuestro cuerpo emocional, nos damos cuenta de que la muerte tiene más de una expresión. Cuando los textos sagrados nos indican que debemos *morir mientras estamos viviendo,* no se refieren a una experiencia puramente física, sino a nuestra entrada consciente en una receptividad continua para experimentar también una muerte mental y emocional.

Cuando separamos el pasado, las historias que hemos *escrito* y a las que nos hemos *sentenciado* deben morir, al igual que la signatura emocional en la que están arraigadas.

La experiencia de la muerte

Esta experiencia de muerte mental y emocional nos llega orgánicamente en los días y las semanas que siguen a cualquier aplicación constante de la práctica del no-hacer. Sin ninguna advertencia, nos asalta en forma de estados del ser profundamente incómodos.

Cuando estos estados sumamente incómodos nos impactan por primera vez, nos tambaleamos hacia la inconsciencia. Luchamos reactivamente contra la experiencia, intentando desesperadamente impedir que lo que está ocurriendo ocurra. A través de nuestra reactividad, intentamos escapar emocional, mental y físicamente de nuestro encuentro con «la parca del pasado y el futuro proyectado».

Mientras esta experiencia de muerte se desarrolla, sentimos literalmente como si nos estuviéramos «muriendo», como si no hubiera «nada por lo que vivir», que «nuestra vida ha llegado a su fin», que «no tiene sentido hacer nada» y que estamos condenados para siempre a estos sentimientos de oscuridad, fatalidad y tristeza.

Sin embargo, en un período de tiempo relativamente corto, en cuestión de horas o, a veces, días (dependiendo de la inmensidad de la experiencia energética disfuncional por la que estamos muriendo) esta oleada de desprendimiento momentáneo de la piel física, mental y emocional de nuestro pasado llega a su fin.

Después de eso, nos sentimos más despiertos, más conscientes, más inspirados y profundamente agradecidos de estar vivos.

Morir conscientemente invita al renacimiento

Cuando vivimos una vida integrada, estas experiencias de muerte son perfectamente normales, naturales, sanas y orgánicas.

Cuando nos permitimos pasar por este rito de iniciación, es absolutamente obvio que para evitar estas experiencias de muerte hemos entrado *en masa* en el plano mental y en nuestra absurda serie de asuntos físicos.

Es precisamente debido a que nuestra cultura actual está adoctrinada para creer que la muerte es un enemigo por lo que corremos aterrados e intentamos protegernos mental y físicamente de estas experiencias. Desde la niñez, nos hacen creer, mediante los ejemplos grabados, que la experiencia de la muerte es un error, así que huimos de ella y nos refugiamos en nuestros pensamientos, en nuestras prácticas espirituales, en organizaciones religiosas, filosofías complejas y complicados sistemas psicológicos.

Hemos olvidado que mantenernos presentes dentro de la turbulencia de la experiencia humana implica morir emocional y mentalmente ante las construcciones que hemos creado llamadas *el pasado y el futuro*, que son una ilusión.

Hemos olvidado que el renacimiento y la muerte cohabitan en la misma realidad, que son las dos caras de la misma moneda. Hemos olvidado que todo renacimiento viene después de la muerte: que una experiencia de muerte vivida conscientemente es el momento de renacimiento invitado. Nos hemos convertido en un árbol que se aferra a la primavera y el verano, y que niega la existencia del otoño y el invierno.

La religión es una barricada

Una de las revelaciones profundas que recibimos cuando nos hacemos amigos conscientemente de estas experiencias de muerte es la comprensión de que hemos fabricado lo que ahora llamamos religión como un vano intento de salvarnos de tener que enfrentarnos a estos incómodos estados de renacimiento. Nuestros esfuerzos religiosos prometen una eternidad protegida de la experiencia de muerte.

Esta muerte diaria que iniciamos conscientemente y a la que invitamos cuando nos enfrentamos a nuestro contenido emocional no integrado se acerca más a una auténtica religión de la tierra que muchas de las formas de culto organizadas que tenemos actualmente. Para ser más exactos, morir conscientemente mientras estamos vivos es una antigua experiencia chamánica: la experiencia exacta que se evita en las comunidades cuando son superadas, eclipsadas y adoctrinadas por una *mentalidad* religiosa conservadora e insensible.

En la actualidad, la mayoría de nuestras organizaciones religiosas corren hacia Dios como una reacción a la insondable realidad de la vida y no como una respuesta a Dios. Son una manera de implantar una certeza falsa en la insondable experiencia humana, de evitar un constante morir a lo desconocido, y un intento de negar nuestra interminable zambullida en el vacío.

En su mayor parte, la religión organizada es una danza alrededor del vacío: una *avoid-dance.*[*] Esta muerte emocional y mental sugerida, este acto de cortar conscientemente el pasado grabado, no es una evasión.

Morir mientras estamos viviendo es una respuesta directa, del momento, a lo que Dios es para nosotros, enfrentándonos y muriendo conscientemente a cualquier cosa que estemos poniendo entre nosotros y una auténtica conciencia de lo que Dios es para nosotros. Es un reconocimiento consciente de la insondable oscuridad de lo infinitamente desconocido: el rostro imponente y siempre cambiante de Dios, que no se puede conocer.

Este hecho recurrente, sugerido y continuo, de *morir al pasado* es un sumergirse conscientemente en el vacío, en lo desconocido, en lo incómodo y en lo que todavía no se ha formado. Esta muerte mental y emocional es «elevarnos después de penetrar», como el ave fénix que surge de las cenizas.

---

* Otro juego de palabras del autor. En inglés, *avoidance* significa «evasión», pero si descomponemos la palabra obtenemos *a void dance*, que significa «una danza del vacío». (*N. de la T.*)

Jesús el Chamán

La realidad de esta experiencia de muerte mental y emocional era conocida y respetada mucho antes de que cualquier mentalidad eclesiástica prohibiera todas las prácticas que la honraban.

Puesto que hemos huido aterrados de esta experiencia de muerte mental y emocional, ahora nos sigue hasta la vejez como una sombra que nos asusta. Al final, deja una estela de enfermedad, contratiempos accidentales inconscientes, adicciones y una calidad de vida que acaba culminando en una experiencia degradante de deterioro y desánimo.

En lugar de morir a diario, ahora nos resistimos a ello con todas nuestras fuerzas y, posteriormente, dejamos que se convierta en un drama descomunal, gigantesco, que explota sin gracia cuando se acerca nuestra hora de abandonar físicamente la tierra.

Sin embargo, cuando entramos conscientemente y de buena gana en nuestro corazón y nos enfrentamos a la sombra de nuestro pasado no integrado, cuando permitimos sistemáticamente que este pasado muera física, mental y emocionalmente a través de nosotros, volvemos a despertar orgánicamente en un rito de iniciación chamánico, elevándonos hacia una experiencia directa con lo que Dios es para nosotros: la plenitud del momento presente.

Descubrimos que estas oleadas de malestar mortal que comparten el océano de la vida con nosotros son una bendición sagrada. Llegan para mostrarnos que debemos morir sistemática y conscientemente para poder vivir plenamente. Llegan para despojarnos del pasado para que cada momento en el que entremos nazca de nuevo.

Estas experiencias constantes de muerte son los momentos crísticos en los que todo vuelve a nacer. Estas experiencias de muerte son las numerosas crucifixiones que tienen lugar antes de cualquier ascensión legítima y de cualquier despertar a la conciencia vibracional. Al revelar este secreto para nosotros de una forma tan gráfica, Jesús es un profundo chamán planetario.

El jugo de la vida

Al aceptar esta experiencia de muerte como algo integral de la vida, descubrimos que nuestro corazón se ha cerrado debido a que hemos estado evitando esas experiencias de muerte. A través de nuestra resistencia inconsciente a sentir este rito de iniciación necesario, hemos buscado desesperadamente la ascensión (un escape) mediante infinitos conceptos mentales y tediosos comportamientos y prácticas físicas.

Sin embargo, lo único que consiguen lo mental y lo físico cuando nos apoyamos en ellos exclusivamente como un medio para que cada momento sea nuevo (que es el proceso de salvación) es el movimiento de nuestra experiencia de vida, que deja de ser el vivir en el Reino para pasar a ser la existencia insípida e inanimada de subsistir en el Aburrimiento.

Definitivamente, despertar conscientemente en la realidad de esta experiencia de muerte, no es agradable. Para muchas de las personas que entran en el camino del corazón esto llega como una conmoción. La limpieza emocional no tiene por qué ser agradable o fácil. Después de todo, es *morir* al pasado. La limpieza emocional es una aceptación consciente de la muerte mientras estamos vivos. Mientras la experimentamos, es posible que sea horrible y que aparentemente nos confunda y nos abrume a muchos niveles.

No obstante, cuando dejamos de huir de este despojarnos mortalmente de nuestro pasado, cuando dejamos de resistirnos a su presencia oscura como parte de la corriente de la vida, nos invitamos a nosotros mismos a percibir experiencialmente su consecuencia innegable: que nuestra experiencia de vida es bendecida divinamente, una y otra vez, con un renacimiento.

Al rendirnos conscientemente a la agonía de esta experiencia de muerte mental y emocional, invitamos al éxtasis de la vida. Sin este constante chamánico de despojarnos de la piel del tiempo de nuestra psique, nuestra vida no tiene ningún jugo y nuestra muerte física ningún significado.

Morir a diario al residuo emocional grabado del pasado es el Dharma del Corazón Sagrado. No es desterrando la muerte como reentramos en la vida eterna, sino aceptándola plenamente.

El aburrimiento

Cuando nos permitimos empezar a sentir los estados energéticos que hemos reprimido y sedado durante tanto tiempo (los numerosos sentimientos que han formado parte de nuestra experiencia inconsciente), volvemos a despertar gradualmente la conciencia del cuerpo emocional, los amplios parámetros de la percepción sentida.

Entonces comenzamos a darnos cuenta de que cada aspecto de nuestro cuerpo emocional que ha sido reprimido consciente o inconscientemente de nuestra conciencia adormece nuestra capacidad de sentir nuestra experiencia de vida minuto a minuto.

El miedo, la ira y la tristeza no son «cosas de las que tenemos que deshacernos». Son unos parámetros sentidos de nuestro cuerpo sensible que han sido llevados a la inconsciencia, hasta el punto de que los hemos confundido con «demonios».

Al hacer todo lo que está en nuestro poder para exorcizarnos de estos estados, para «deshacernos» de estas experiencias sentidas, hemos estado alimentando equivocadamente el fuego de un estado que hace que nos insensibilicemos ante la vida. Al suprimir erróneamente nuestro contenido emocional, suprimimos simultáneamente *nuestra capacidad de sentir*.

Sin la capacidad de sentir, *no sentimos la vitalidad de la vida en la que siempre estamos inmersos.*

Desde el punto de *vista* del corazón, estamos ciegos perceptivamente a la presencia del Reino que nos rodea en el mundo y, por lo tanto, empezamos a buscar el Reino en otra parte y en otro momento. Ya no resonamos con la *sensación de estar vivos*. En consecuencia, el Reino de la Vida está oculto en el entumecimiento y nos parece tan inanimado como el aburrimiento.

Puesto que no podemos sentir la extraordinaria resonancia de las vibraciones de la vida que llenan cada momento, buscamos experiencias exageradas y extraordinarias como compensación. Empezamos a «buscar a Dios» de maneras extrañas y en lugares extraños, siguiendo unos caminos espirituales extraños y teniendo todo tipo de comportamientos poco auténticos en un intento desesperado de *sentir algo real*.

El guardián

Cuando tenemos una conciencia reducida del cuerpo emocional, no hay ningún «hacer» o lugar al que ir, o idea conceptual que nos pueda llevar, otra vez, desde la experiencia de aburrimiento hasta el Reino de la Vida.

Mientras permanecemos dentro de este estado de insensibilidad, entramos inconscientemente en numerosos caminos mentales y físicos que, invariablemente, no nos llevan a ninguna parte.

Lo que trasforma esta situación es solamente nuestra entrada en la resonancia del *sentimiento*. La capacidad de sentir nos permite ir más allá de la blanda insensibilidad de una vida vacía y llegar a la jugosa plenitud del vivir.

La plenitud de la capacidad de sentir nos espera disfrazada de una bestia de tres cabezas aparentemente dormida: como la serpiente del miedo, la ira y la tristeza que hemos suprimido. Sin embargo, esta serpiente no es una bestia, en absoluto. Es el portal que lleva a nuestra belleza interior oculta.

Este dragón de tres cabezas vigila la puerta del Reino de la Vida y niega la entrada a todos los que son demasiado débiles de corazón como para aceptar conscientemente la Verdad.

ENTRAR EN LA CONVERSACIÓN VIBRACIONAL

14

Hay una conversación en la que todos deseamos participar conscientemente: la conversación con lo vibracional.

Algunos llaman a esta conversación «la experiencia espiritual» o la «autorrealización» o la «realización de Dios». A lo largo de este texto, nos hemos referido a ella como una conversación con lo inefable. Sin embargo, también podemos llamarla una conversación con lo *vibracional*.

En estos tiempos, la palabra «vibracional» es más accesible que la palabra «espiritual», porque la palabra «vibracional» no tiene carga emocional y no pesa sobre ella la carga de la superstición y el adoctrinamiento religioso. La palabra «vibracional» también contiene una pista sobre cómo entrar en esta conversación.

La resonancia vibratoria de lo que Dios es para nosotros es tan suave, sutil y suprema que, en nuestro estado mundano, absorto en lo físico, aparece como silencio, quietud e invisibilidad. Sin embargo, es una vibración que puede ser percibida experiencialmente por cualquier ser humano porque es nuestro derecho experimentarla. Ciertamente, el motivo por el que estamos aquí es para entrar conscientemente en esta conversación.

Inicialmente, esta resonancia vibracional es demasiado sutil para ser hallada por nuestro cuerpo físico. Aunque nosotros *somos esa resonancia* y estamos constantemente *dentro de ella*, no podemos percibirla con nuestros ojos físicos, ni oírla con nuestros oídos físicos, ni tocarla con nuestra carne física. Estas habilidades de la percepción son demasiado densas e impotentes en su capacidad de frecuencia.

Tampoco podemos encontrarnos con esta vibración experiencialmente a través de nuestros pensamientos, conceptos o ideas. Una forma de pensamiento no tiene la capacidad de encontrarse experiencialmente con una vibración. Sólo puede «pensar» en ella.

Por lo tanto, inicialmente la realidad de la existencia de este mundo vibracional no es accesible para los cuerpos físico y mental, y si éstos son los únicos medios que utilizamos para intentar acercarnos a ella, fracasaremos.

Este fracaso es el motivo por el cual acabamos realizando extrañas prácticas físicas y recurriendo a descabelladas construcciones mentales e imaginaciones. Cuando sólo nos acercamos a lo que Dios es para nosotros a través de lo mental y lo físico, invariablemente acabamos usando algo que hemos fabricado como un medio para compensar nuestros intentos fallidos. Cuando realizamos extrañas prácticas físicas y usamos la imaginación en un intento de encontrarnos directamente con lo que Dios es para nosotros, estamos perdidos.

No es necesario imaginar lo que es real.

Inicialmente, la resonancia vibratoria de lo que Dios es para nosotros (lo cual también *es* nosotros) se encuentra a través de la percepción sentida. Únicamente el cuerpo que siente tiene la capacidad, el vocabulario y la frecuencia perceptiva capaz de entrar experiencialmente en esta realidad.

El corazón es una puerta

Nuestros cuerpos físico, mental y emocional tienen capacidades muy distintas en lo concerniente a la comunicación.

Si diéramos a todas las personas en el planeta la misma taza de agua y les pidiéramos que pesaran la taza y que luego midieran la cantidad de agua, todas llegarían a la misma respuesta. Esto se debe a que el aspecto físico de nuestra experiencia es sumamente limitado. Por este motivo, cuando estamos hipnotizados físicamente por nuestra experiencia, ésta nos resulta tan molestamente asfixiante.

Si diéramos a todas las personas en el planeta la misma taza de agua y les pidiéramos que escribieran un ensayo de una página sobre ella, habría muchas variaciones en lo escrito, pero también similitudes. Esto se debe a que nuestra capacidad mental está un poco más expandida que la física, aunque todavía tiene sus limitaciones. La capacidad de expresarnos mentalmente está confinada por los parámetros limitados del lenguaje: por nuestro uso de las palabras. Sólo hay una determinada cantidad de palabras y conceptos relacionados con «una taza de agua». Sólo hay ciertas cosas que podemos escribir.

Por otro lado, si le mostráramos a todas las personas en el planeta una taza de agua y les preguntáramos cómo se sienten respecto a ella, el alcance de la percepción sentida que está disponible es inmenso. Esto se debe a que el cuerpo emocional es inmenso. Las sutilezas de nuestro cuerpo energético que siente son tan vastas que, aunque éste no es ilimitado, prácticamente lo es.

El cuerpo emocional es prácticamente ilimitado en su capacidad de tener varias gamas de sentimientos porque es el medio por el cual vamos a iniciar nuestro encuentro experiencial con lo ilimitado. Es el único atributo dentro de los componentes de la matriz de la mente que tiene la capacidad, el vocabulario, que es capaz de entrar en una conversación con lo inefable. Esta inmensa capacidad, con su vocabulario prácticamente ilimitado, se denomina percepción sentida.

En consecuencia, el corazón es la puerta de entrada para encontrarnos experiencialmente con lo que Dios es para nosotros. Solamente el corazón tiene la capacidad de abrirse a lo ilimitado, y de relacionarse de una forma directa y experiencial con ello.

Únicamente *sintiendo lo que es Dios* llegamos realmente a *saber que Dios es.*

Inicialmente, el sentir es el único vocabulario que tiene la capacidad de interactuar directa e íntimamente con lo vibracional.

Hasta que integramos este concepto, estamos privados de una experiencia directa.

El lenguaje del cielo

Una vez que somos capaces de contener conscientemente e integrar plenamente la inmensidad de nuestro miedo, nuestra ira y nuestra tristeza, hacemos un descubrimiento asombroso. Nos damos cuenta de que cada uno de nosotros tiene la misma cantidad de miedo, ira y tristeza en su cuerpo emocional, la cual, cuando se siente plenamente, despierta todo el vocabulario de percepción sentida necesario para equiparnos con la capacidad de entrar experiencialmente en una conversación con lo vibracional.

Hemos luchado contra nuestro miedo, nuestra ira y nuestra tristeza porque *pensamos* que esos estados son nuestros enemigos y que, por lo tanto, debemos deshacernos de ellos. Sin embargo, en realidad no son miedo, ira y tristeza. Estas tres palabras son meramente *hechizos* conceptuales en los que hemos enmarcado patrones energéticos inconscientes que reflejan lugares dentro de nuestro cuerpo emocional en los que estamos experimentando una gran resistencia.

Estas palabras pronunciadas (hechizos) y sus connotaciones psicológicas (oraciones) hacen que huyamos de estos estados emocionales e intentemos «recuperarnos» de ellos, en lugar de aceptar y «descubrir» el verdadero tesoro inherente en ellos.

Nuestro miedo, nuestra ira y nuestra tristeza, y toda la variedad de estados emocionales incómodos que emanan del interior de esta trinidad de disfunción energética, son las letras todavía no comprendidas del alfabeto de la percepción sentida a través de las cuales, cuando las hemos integrado conscientemente, nos comunicamos íntimamente con lo vibracional.

Mientras suprimamos y sedemos estos estado emocionalmente, estaremos suprimiendo y sedando simultáneamente las diversas letras de este alfabeto sentido: el a-b-c de nuestra capacidad de hablar con lo que es Dios para nosotros.

Huir del cielo

No es de extrañar que sintamos que no está ocurriendo nada y, en consecuencia, realicemos todo tipo de actividades físicas y mentales en un vano intento de tener un encuentro experiencial con lo «espiritual».

No es de extrañar que meditemos durante años y años, y sintamos que no hemos conseguido nada, y acabemos teniendo que fabricar experiencias con la finalidad de convencernos de que estamos teniendo algún tipo de encuentro espiritual.

No es de extrañar que las personas que se ponen a sí mismas extravagantes nombres espirituales y que se adornan con una vestimenta espiritual impresionante puedan engañarnos y llevarnos en la dirección equivocada.

Si no somos capaces de *sentir*, no sabemos qué es *real*.

Si no somos capaces de sentir, entonces no importa que vivamos en el cielo. ¡Nuestra vida sigue siendo un aburrimiento infernal! Al huir de cualquier manera de nuestro miedo, nuestra ira y nuestra tristeza, estamos huyendo de la experiencia del «cielo en la tierra».

La herramienta de la apreciación

Si un padre entrega a su hijo adolescente una suma de dinero y éste reacciona a este ofrecimiento diciendo, «No quiero eso. Quiero otra cosa», el padre sigue cuidando del adolescente de muchas otras maneras (siempre y cuando el comportamiento reactivo del chico no se resista también a esas experiencias). Sin embargo, el padre no le da más dinero al adolescente, porque ese regalo no es *apreciado*.

Apreciación es una palabra que tiene un doble significado. Si apreciamos algo, significa que estamos agradecidos por ello. Por consiguiente, lo reconocemos. Por otro lado, si tenemos acciones y dividendos y éstos aprecian, significa que aumentan su valor, que se convierten en más.

La apreciación es, por lo tanto, una tecnología creativa. Como palabra, contiene las letras que forman la palabra «creación». La apreciación es el acto de incrementar mediante la gratitud.

Normalmente asociamos una signatura emocional positiva con la palabra apreciación. Sin embargo, su resonancia como herramienta creativa es neutral.

Cualquier cosa en la que pongamos nuestra atención se convierte en más *porque* ponemos nuestra atención en ella. Si hablamos del terror, leemos sobre el terror y vemos programas en la televisión basados en el miedo, entonces estamos *apreciando* el terror. Por este motivo, todos los maestros de la manifestación nos indican que debemos poner nuestra atención en los sentimientos que deseamos tener, no en los que no deseamos tener.

Lo que el niño aprecia

Nuestra vida, tal como es ahora, es un reflejo clarísimo de lo que apreciamos más. Lo que tenemos más en estos momentos es aquello en lo que ponemos más nuestra atención.

Es posible que esto no nos resulte evidente ahora mismo porque, cuando tenemos poca o ninguna conciencia del cuerpo emocional, no nos damos cuenta de que es nuestro niño interior, nuestro cuerpo emocional, nuestro corazón, lo que guía inconscientemente el enfoque de nuestra atención.

Hasta que entremos conscientemente en el estado de nuestro cuerpo emocional y lo integremos, este patrón energético grabado guiará por nosotros el enfoque de lo que apreciamos. Conducirá nuestra apreciación hacia lo que cree que satisfará nuestras necesidades y deseos no integrados.

Hasta que entremos conscientemente en nuestro cuerpo emocional y observemos cuál es su auténtico estado, lo cual, a su vez, nos revelará por qué nuestra experiencia de vida se está manifestando como se está manifestando, nos parecerá que la vida nos está dando constantemente aquello que no deseamos.

Esta falta de conciencia del auténtico estado de nuestro cuerpo emocional es el motivo por el cual nos parece que la vida «nos está ocurriendo». En cuanto nos familiarizamos con el verdadero estado de nuestro cuerpo emocional, nos damos cuenta de que nuestra experiencia de vida siempre es una manifestación externa del estado no integrado de nuestro corazón, que nuestra experiencia de vida es un intento inconsciente de compensar nuestros sentimientos de miedo, ira y tristeza.

Únicamente cuando nos hacemos cargo conscientemente del estado de nuestro cuerpo emocional y vemos las consecuencias de ese nivel de responsabilidad personal, nos damos cuenta de que nuestra vida es un continuo irradiar hacia afuera nuestro estado energético interior.

Cuando comprendemos la relación entre lo interior y lo exterior, estamos en el umbral de la alquimia divina.

Deja de huir

Si un padre le da a su hijo adolescente una suma de dinero y ese dinero aumenta, el padre le da más dinero porque sabe que el regalo es apreciado. De hecho, puesto que el chico aprecia lo que se le ha dado, el padre, al darse cuenta de que lo que da es apreciado, un día decide darle todo a su hijo.

Cuando nosotros rechazamos, de cualquier forma, nuestra experiencia de vida actual, estamos rechazando lo que nos es dado. Estamos demostrando que somos incapaces de apreciarlo.

Cuando dejamos de huir de nuestro miedo, nuestra ira y nuestra tristeza (y de su manifestación de confusión en nuestros procesos mentales, y de dolor e incomodidad en nuestra experiencia física), nuestra relación con lo que es la vida experimenta una trasformación. Esta trasformación sólo es posible cuando dejamos de reaccionar al estado de nuestro cuerpo emocional y, en lugar de eso, empezamos a responder a él: en otras palabras, cuando empezamos a apreciarlo tal como es.

Esta respuesta (una resonancia de apreciación) es la única posible cuando comenzamos a darnos cuenta de que el estado no integrado de nuestro cuerpo emocional es la fuente del vocabulario de percepción sentida que necesitamos para iniciar una conversación con lo vibracional.

Cuando nos damos cuenta verdaderamente de esto, automáticamente reducimos nuestro reflejo reactivo de sedar, controlar, cortar, adormecer y drogar nuestras experiencias sentidas.

Sólo cuando somos capaces de integrar la comprensión de que *todo lo que hay en nuestra experiencia física, mental y emocional que nos resulta desconocido o incómodo es en realidad lo que Dios es para nosotros, haciéndonos un guiño en un idioma en el que todavía no sabemos hablar.*

Para despertar completamente a este idioma, y para ser capaces de conversar fluidamente en él, es necesario sentir lo que nos está ocurriendo en cada momento sin juicios, ni planes, ni preocupaciones, y sin intentar detener esos sentimientos o convertirlos en otra cosa.

Esta trasformación en nuestra relación perceptiva con el aspecto sentido de nuestra experiencia de vida nos permite dejar de huir de este momento y, en lugar de eso, empezar a instalarnos en él. Una de las consecuencias automáticas de permitirnos instalarnos en el momento es que experimentamos una reducción gradual de los comportamientos adictivos y poco auténticos.

Solamente en este punto de nuestro viaje nos volvemos vulnerables a una definición ascendida de lo que es realmente la resonancia de la «dicha».

LA BÚSQUEDA DE LA FELICIDAD

15

En la vida, o bien estamos *a cargo*, o bien somos *impulsados por una carga*.

Estar *a cargo* sólo es posible cuando asumimos la responsabilidad por el punto causal de la calidad de nuestra experiencia y todos los parámetros de nuestro comportamiento externo interactuando con nuestra vida a través de la percepción sentida.

Llevar una carga es cuando somos impulsados inconscientemente hacia comportamientos de sedación y control por el estado molesto y no integrado de nuestro cuerpo emocional: por el niño infeliz.

Cuando somos impulsados por una carga, entramos en un estado eterno y desesperado de *hacer*, también llamado «la búsqueda de la felicidad». La búsqueda de la felicidad es una creencia de que la calidad de nuestra experiencia está determinada por hechos y circunstancias físicos. Es la creencia de que algo debe *ocurrir* para que nos sintamos bien.

Cuando estamos hipnotizados físicamente por nuestra experiencia, la felicidad es «algo que ocurre». No sólo debe *ocurrir* algo específico, sino que hay cosas específicas que *no deben ocurrir*: principalmente, esos hechos y circunstancias que creemos que son la causa de nuestra infelicidad.

Cuando estamos dedicados a la búsqueda de la felicidad, tratamos activamente de hacer que ciertas cosas ocurran, y cuando logramos que ocurran, intentamos que sigan ocurriendo. Simultáneamente, estamos intentando activamente impedir que ocurran otros hechos y circunstancias y, *si* lo conseguimos, luego intentamos que no vuelvan a ocurrir nunca más.

Aquello que tratamos de que ocurra se convierte en lo «bueno», y aquello que intentamos impedir que ocurra se convierte en lo «malo».

Entonces, lo «bueno» se convierte en nuestro dios, y lo «malo» en nuestro demonio.

Puesto que no tenemos conciencia del cuerpo emocional, no podemos percibir que la búsqueda de la felicidad es una guerra energética proyectada hacia afuera que en realidad está teniendo lugar *en nuestro propio corazón*.

Nuestro comportamiento externo es un reflejo del hecho de que estamos corriendo interiormente hacia sentimientos con los que estamos familiarizados y huyendo de los que nos parecen desconocidos. Esta división interna se refleja entonces en nuestro cuerpo mental en forma de confusión y se refleja externamente en nuestra experiencia en forma de caos constante y de conflictos en nuestras circunstancias físicas.

De lo que no nos damos cuenta cuando luchamos desesperadamente para que ciertas circunstancias sigan ocurriendo y para que otras dejen de ocurrir es que la única constante en nuestra experiencia física es que ésta está cambiando constantemente. En consecuencia, intentar hacer que algo ocurra, y luego hacer que siga ocurriendo, es imposible y sólo sirve para hacer que estemos desesperadamente infelices.

En otras palabras, *la búsqueda de la felicidad es la fuente de nuestra infelicidad*.

La dicha no es una emoción

Cuando estamos dedicados a la búsqueda de la felicidad, damos por sentado que la dicha es una emoción. Imaginamos que la dicha es un estado distinto al que estamos experimentando en la actualidad, un estado en el que nos sentiremos extremadamente felices todo el tiempo. Éste es un enorme error de percepción.

La dicha puede expresarse física, mental y emocionalmente, pero no es una emoción. *La dicha es una relación que tenemos con nuestro cuerpo emocional.*

La dicha es una relación que tenemos con nuestro cuerpo emocional, en la cual nos permitimos *sentir* todas las emociones, tanto si son agradables como si no lo son, tanto si son cómodas como si no lo son, tanto si son conocidas como si no lo son.

Nos permitimos sentir todos los estados emocionales que pasan por nuestro campo de experiencia porque aceptamos la amplia gama de sentimientos que hay dentro de esos estados emocionales, *especialmente* aquellos que son incómodos y desconocidos, como las letras de un alfabeto sentido que nos permite comunicarnos conscientemente con lo vibracional.

En otras palabras, es posible que despertemos una mañana sintiendo una resonancia emocional que quizás hayamos descrito en el pasado como depresiva. En lugar de reaccionar negativamente a esta experiencia cancelando nuestras actividades, modificando nuestros planes o quejándonos a los demás en un intento de atraer su atención, elegimos observar nuestro estado con conciencia. No intentamos modificar nuestra experiencia con medicamentos o con cualquier comportamiento físico. No nos permitimos empezar a contar una historia sobre lo que *pensamos* que nos está ocurriendo. No nos comportamos como si algo estuviera mal, o como si eso debiera estar ocurriendo. En su lugar, dejamos que nuestra atención descanse compasivamente en esta resonancia energética extrañamente molesta mientras nos movemos por nuestra jornada. En consecuencia, cuando la jornada llega a su fin, nos damos cuenta de que hemos experimentado nuestra vida más profundamente. Hemos *sentido* algo.

Ciertamente, esto no es fácil. Pero cuando entramos en el trabajo del corazón, nos damos cuenta de que el concepto de «fácil» está sobrevalorado. La dicha no tiene que ver con sentirnos bien o tener una vida fácil. La dicha tiene que ver con *sentirlo todo* y dejar que la vida *sea tal como es*.

Mientras sigamos dirigiendo nuestras experiencias hacia lo fácil, automáticamente nos alejaremos de aquello que hace que la vida sea real. Por este motivo entramos en *el aburrimiento*.

La dicha nos lleva más allá del aburrimiento, hacia el Reino de la Vida, donde todo es creado de nuevo continuamente mediante la *aceptación de lo desconocido*. Por otro lado, la búsqueda de la felicidad es una postura constante de evasión: una *danza alrededor del vacío* en lugar de *hacia su interior*.

Más allá de la polaridad

Mientras estamos en la tierra, una de las realidades con las que nos encontramos es la dualidad. Las corrientes de nuestra experiencia humana están fluctuando constantemente entre día y noche, caliente y frío, duro y blando, arriba y abajo, luz y oscuridad, dentro y fuera, joven y viejo, fuerte y débil, etc.

Estos estados aparentemente opuestos inician y apoyan la experiencia de movimiento, cambio, diferenciación, crecimiento y trasformación. El fluir de estos opuestos polares es sano, natural y, cuando se percibe a través de la conciencia integrada, es asombroso en su belleza aparentemente eterna, que siempre se está fusionando.

Siempre que iniciamos comportamientos consciente o inconscientemente en un intento de controlar o sedar lo que está ocurriéndonos en el momento (comportamientos que niegan *lo que es* y, en lugar de eso, intentan crear *lo que no es*), automáticamente entramos en una consciencia de segregación que se alimenta sin esfuerzo de la tendencia natural de los opuestos polares aquí en la tierra.

Si intentamos sentirnos mejor, acabamos sintiéndonos peor. Si intentamos hacer que las cosas sean más fáciles, acabamos haciéndolas más difíciles. Si intentamos imponer la paz, creamos conflicto. Si intentamos ser buenos, nos volvemos malos. De ahí la existencia de esas expresiones sabias como «si tienes prisa, ve despacio».

La naturaleza profunda del momento presente es que no tiene ningún opuesto.

El momento presente, cuando entramos en él y lo aceptamos exactamente tal como es, siempre es único porque siempre nace de nuevo. Ningún momento ha ocurrido nunca antes y, por lo tanto, no puede ser comparado con ningún otro. Al ser único, no tiene ningún opuesto polar.

Entrar en el momento presente nos lleva más allá del ámbito de los opuestos, incluso cuando estamos constantemente dentro de la interminable experiencia de marea de circunstancias aparentemente opuestas. Es un portal fértil para una entrada consciente en un paradigma no-polar. Éste es el milagro de entrar en la presencia en cualquier momento y abrazarla incondicionalmente.

El camino correcto

Muchos han contemplado la indicación de que debemos «hacer lo correcto». Pero, ¿qué significa eso?

Cuando nos acercamos a esta profunda indicación desde lo mental o lo físico, ello nos lleva inevitablemente a reglas mentales impuestas y comportamientos dictatoriales que reprimen a la persona. Debido al potencial siempre presente de polaridades aquí en la tierra, las reglas predeterminadas y los comportamientos impuestos irrazonablemente sobre las circunstancias únicas renacidas del momento, provocan simultáneamente lo contrario de lo que pretenden.

Forzar cualquier momento para provocar placer de una forma poco auténtica es sembrar una planta de dolor. Posteriormente, por muy bien intencionado que sea, un enfoque mental y físico de hacer lo correcto se convierte en un nido involuntario de comportamientos autodestructivos, contraproducentes y que nos sabotean. Eso es lo que se quiere decir cuando se dice: «el camino al infierno (la consciencia de separación) está plagado de buenas intenciones».

No obstante, cuando iniciamos una relación incondicional con nuestro corazón como una manera de aceptar el momento tal como es, despertamos a un encuentro con la vida que renace continuamente y que está más allá de la corriente de polaridades. Aceptamos experiencialmente lo que se denomina conceptualmente «unidad». Hacer lo correcto es honrar el momento tal como es, sintiéndolo lo más plenamente posible.

Solamente la textura del presente y el hecho de honrarlo incondicionalmente revela verdaderamente lo que significa pasar por esta experiencia humana de una forma holística y, por lo tanto, sagrada. Ésta es la profunda revelación que nos está esperando en el tejido de cada momento.

Esto es todo

Cuando dejamos de huir de aquello que percibimos como incómodo y desconocido, y en lugar de eso lo aceptamos, empezamos a despertar y a sentir gradualmente nuestro cuerpo. Esto nos permite comenzar a sentir todo más profundamente.

En lugar de huir de la realidad, empezamos a instalarnos en el momento en el que siempre estamos, pase lo que pase.

Sentimos las variaciones ilimitadas del resplandor de nuestra propia presencia y apreciamos esto conscientemente. Sentimos el resplandor ilimitado de la presencia de los demás y apreciamos conscientemente esto. Sentimos las corrientes de energía siempre cambiantes e ilimitadas que pasan girando velozmente por cada día, y apreciamos esto conscientemente. Sentimos la presencia de la naturaleza en todas sus manifestaciones, y apreciamos esto conscientemente.

No es sorprendente que cuanto más apreciamos conscientemente lo que nos permitimos sentir, más profunda se vuelve nuestra capacidad de sentir.

Cuando permitimos que esta experiencia de percepción sentida se despliegue, un descubrimiento excepcional surge en nuestra conciencia como el sol que sale después de una noche larga y oscura:

ESTA VIDA, LA QUE ESTAMOS VIVIENDO AHORA MISMO, TAL COMO ES EN CADA MOMENTO, *ES* «LA EXPERIENCIA ESPIRITUAL» QUE HEMOS ESTADO BUSCANDO.

Despertar en el viaje

Somos incapaces de darnos cuenta de que la experiencia que estamos teniendo en estos momentos es el destino de la búsqueda de nuestro corazón porque, al reprimir nuestra conciencia del cuerpo emocional, somos incapaces de *sentir que esto es así*. Cuanto más profundamente nos permitimos sentir, más evidente nos parece esto.

Cuando esta comprensión surge en nuestra conciencia, automáticamente empezamos a aceptar nuestra experiencia de vida tal como es en el presente con un aprecio cada vez más profundo. Este aprecio cada vez más profundo es como un adolescente que toma el dinero que le ha dado su padre y lo incrementa mediante el reconocimiento y la gratitud.

Puesto que hacemos que nuestro aprecio de nuestra experiencia de vida sea más profundo, este inmenso regalo de nuestro pleno encuentro con lo que la vida es se hace más y más y más profundo, eternamente.

A través de este portal de una profundización cada vez mayor de la resonancia de nuestra experiencia de vida, a través de la percepción sentida, es como tomamos nos damos cuenta de otra cosa:

PUESTO QUE LO QUE DIOS ES PARA NOSOTROS, SEA LO QUE FUERE, ES INFINITO, EL VIAJE HACIA EL INTERIOR DE UNO MISMO Y LA CONSCIENCIA DE DIOS ES ETERNO.

No hay ningún «punto de llegada».

El resultado de esta comprensión es que soltamos la consciencia de destino y, en lugar de eso, abrazamos una consciencia de viaje. Nuestro destino se convierte en experimentar la plenitud del viaje de la vida en el momento en que se está desarrollando.

La trampa de la iluminación

Una de las cosas más poderosas que descubrimos cuando nos volvemos hacia nuestro interior y aceptamos nuestro cuerpo emocional como el punto causal de la calidad de nuestra experiencia es la siguiente:

LA BÚSQUEDA DE LA «ILUMINACIÓN» ES UNA DISTRACCIÓN PERCEPTIVA IMPULSADA POR LA MENTE.

La búsqueda de la iluminación nos lleva a creer que hay un estado del ser que está fuera del que estamos experimentando en el presente y que puede, de alguna manera, liberarnos del malestar de nuestra experiencia actual. Esto nos lleva a creer que hay un destino, un punto de llegada que, una vez alcanzado, es la respuesta a toda nuestra infelicidad.

La iluminación, al igual que muchos «caminos espirituales», es el lobo llamado «la búsqueda de la felicidad» que está vestido con piel de cordero.

Al aceptar la totalidad de nuestros sentimientos minuto a minuto, tanto si nos resultan conocidos como si no, despertamos a la comprensión de que el corazón es el medio y el portal a través del cual tenemos una auténtica comunicación íntima con nuestra esencia vibracional.

Al interactuar conscientemente con nuestra experiencia de vida a través de la percepción sentida, somos capaces de observar más profundamente el rostro intemporal de lo que la vida realmente es y, por lo tanto, observar también nuestra propia verdadera identidad.

Es entonces cuando nos damos cuenta de que lo que hemos estado buscando no es un estado fuera de nuestra experiencia actual. Nuestra auténtica búsqueda es para *tener una intimidad cada vez mayor con esta experiencia*; la experiencia en la que ya nos encontramos.

Entonces nos damos cuenta de que lo que buscamos es *intimidad*, no iluminación.

La «iluminación» un concepto mental que implica realizar prácticas físicas y mentales orientadas a hacer que tengamos una experiencia que ya ha tenido otra persona. Ésta es una trampa conceptual que nos impide, voluntaria e involuntariamente, vivir las consecuencias de apreciar lo que nos es dado ahora mismo, en cada momento: nuestra experiencia de vida actual con toda su maravillosa, y en ocasiones insondable, belleza.

Apreciar la magnificencia de nuestra experiencia, en este momento, sin importar qué expresión nos muestra el rostro de la vida, es *estar* iluminado.

Intimidad

La posibilidad de experimentar intimidad se puede comunicar mentalmente, y la experiencia de intimidad se puede expresar físicamente, pero para entrar en la intimidad completamente es necesario volver a despertar nuestra conciencia del cuerpo emocional.

La intimidad, conocerse, es un encuentro sentido.

La intimidad es un abrazo perpetuo en el que nuestra percepción sentida va destapando *todas* nuestras experiencias para mirar más profundamente en nuestro interior: *into-me-and-see*. Para entrar en la intimidad, abrimos los ojos del corazón y los utilizamos como el punto causal de nuestra relación perceptiva en nuestra experiencia de vida física y mental.

La intimidad es *el corazón del asunto*.

Una vez que hemos despertado a la resonancia de la intimidad mediante el despertar de la conciencia del cuerpo emocional, declaramos: «Antes era ciego, pero ahora puedo ver».

Para experimentar la intimidad, dejamos la experiencia de «la cocina» y regresamos a nuestra silla en el restaurante de la vida. Ahora conocemos el funcionamiento íntimo de la cocina y somos unos cocineros expertos, pero no vivimos dentro de los confines de la cocina. En lugar de eso, volvemos a entrar en la vida en los términos de la vida y nos sentimos afortunados por cada oportunidad de compartir los alimentos, la compañía y la conversación siempre cambiante que experimentamos a través de nuestro encuentro humano.

La respuesta del corazón

Cuando dejamos la experiencia de «la cocina» y volvemos a entrar en la zona del comedor, es posible que los demás nos vean como seres humanos comunes y corrientes. Sin embargo, no lo somos; hemos trasformado lo normal en lo siempre cambiante, y lo corriente en un milagro continuamente inesperado que se va desplegando.

Ahora nos movemos por nuestra experiencia de vida sin intentar conseguir atención a través del drama. Cuando nos encontramos con cualquier turbulencia emocional, mental o física a lo largo de los serpenteantes senderos de nuestro viaje eterno, ya no reaccionamos hacia afuera: reaccionamos hacia adentro.

Nuestra respuesta es permitir que lo que está ocurriendo ocurra, sentirlo lo más profundamente posible y abrazar esos sentimientos como un guiño en el vocabulario de Dios que todavía es inefable para nosotros.

Al sentir lo que no nos resulta familiar, despertamos constantemente a «el gran desconocido». Al sentir profundamente, expandimos de manera gradual los parámetros de nuestra percepción sentida y, posteriormente, profundizamos nuestra capacidad de comunicarnos íntimamente con la resonancia vibracional inherente en todas las cosas.

No tenemos que adoptar ninguna práctica extraña, ni ponernos un nombre espiritual, ni tener un comportamiento que exija una atención falsa. Nuestra espiritualidad no está en ninguna cosa o actividad que realizamos. Está en unirnos conscientemente a la resonancia sentida, invisible, que corre por todo nuestro ser.

Nuestra espiritualidad está en nuestra respuesta consciente y coherente a nuestro corazón.

Descansa en paz

A través de los frutos de la percepción sentida, nos damos cuenta de que es responsabilidad de nuestra alma mantener nuestro corazón abierto para que podamos recibir una conciencia continua y cada vez más profunda de la paz que ya está dada.

Cuando mantenemos el corazón abierto, esta paz irradia automáticamente desde lo vibracional, a través del portal de nuestro corazón, y penetra en el tejido de nuestras formas de pensamiento y en todas nuestras circunstancias físicas. Esta percepción sentida de paz florece en forma de dicha sin esfuerzo, abundancia y salud.

Puesto que ya no defendemos ni atacamos, es posible que los demás nos perciban como mansos. Pero mansedumbre no significa debilidad. Por el contrario, requiere que lleguemos a ser un guerrero de corazón, y las líneas de batalla están claramente trazadas. No entramas en el drama ilusorio de la oposición externa. No interferimos con las experiencias de los demás (no tenemos miedo de ellas).

Tenemos compasión, pero no caemos en la lástima ni nos preocupamos. No tenemos que «hacer cosas sólo por diversión». No nos aburrimos. Sin duda alguna, es posible que a los demás les parezca que no somos nadie especial y que no hacemos nada extraordinario.

Sin embargo, lucimos una silenciosa sonrisa interior que no puede comprarse económicamente, ni conseguirse mediante el debate mental. Estamos sentados en el restaurante, comiendo nuestra comida y disfrutando de la danza de la vida que gira a nuestro alrededor. Estamos en medio de la misma experiencia que todos los demás; simplemente estamos respondiendo a ella de una manera distinta. Estamos asumiendo la responsabilidad por ella. La estamos sintiendo lo más profundamente posible.

Aunque otros puedan estar a nuestro lado y sentir que están caminando por el valle de las tinieblas de la muerte, nosotros estamos conscientemente en el abrazo sentido del cielo.

Hemos descubierto por qué las palabras *«earth»* y *«heart»* son iguales, sólo que se escriben de manera distinta. No hemos caído en la trampa de intentar traer paz a esta tierra: hemos despertado en la resonancia de la paz mientras estamos en el planeta.

Mientras estamos aquí, viviendo todavía en este asombroso cuerpo físico, hemos entrado conscientemente en «el cielo en la tierra».

---

* En inglés, *earth* significa «tierra» y *heart* significa «corazón». (*N. de la T.*)

UNA FÁBULA DE DESPEDIDA

16

Había una vez una liebre y un tortuga. Un día, Dios se apareció a cada una de ellas en un sueño y les dijo: «Tengo una tarea importante para ti. Quiero que viajes a cierto lugar». En el sueño, Dios les mostraba ese lugar. Luego Dios añadió: «Cuando llegues ahí, yo vendré y te recibiré personalmente».

La liebre y la tortuga, inspiradas por sus sueños, emprendieron la marcha inmediatamente, tal como se les había indicado.

La liebre no perdió el tiempo y fue corriendo hasta ahí.

La tortuga emprendió la marcha también, pero unos minutos después de salir, se fijó en una mariposa que estaba bebiendo de una gota de rocío bajo la maravillosa luz matinal del nuevo día. Entonces, la tortuga se detuvo para contemplarla.

Luego, la tortuga volvió a emprender la marcha, pero unos minutos después, se fijó en una hoja que danzaba sobre el agua al ritmo de la brisa de la mañana. Entonces, se detuvo para contemplarla.

Esto siguió ocurriendo una y otra vez y, por lo tanto, la tortuga tardó una eternidad en llegar al destino indicado.

Cuando Dios apareció, le preguntó a la liebre:

—Liebre, ¿qué fue lo que viste?

—En realidad… —dijo la liebre–, la verdad es que no vi nada; vine directamente hasta aquí para verte a ti.

—Ah —dijo Dios con una sonrisa–. Qué diligente.

Luego Dios se dirigió a la tortuga y le preguntó:

—Y tú, ¿qué viste, tortuga?

—Bueno –dijo la tortuga–, cuando estaba saliendo, observé que había una mariposa bebiendo de una gota de rocío bajo la maravillosa luz matinal del nuevo día. –Y luego se lo contó todo a Dios, con lujo de detalles.

—Después –continuó la tortuga–, cuando estaba apunto de seguir mi camino, observé que había una hoja danzando sobre el agua al ritmo de la brisa de la mañana. –Una vez más, le contó todo a Dios con lujo de detalles.

Tenía tanto que contar sobre su viaje que la tortuga tardó una eternidad en describir cada detalle. En consecuencia, Dios pasó una eternidad con la tortuga.

No seas una liebre tonta.

EPÍLOGO

Continuará

Desde que escribí *La alquimia del corazón*, he experimentado un cambio en mi percepción de lo que es el corazón.

Lo que he comprendido es que el portal entre lo vibracional (el mundo interior) y lo emocional, mental y físico (la expresión exterior de ese mundo interior) es *el cuerpo que siente*. Ese cuerpo que siente es lo que metafóricamente llamamos *el corazón*. El corazón es, por lo tanto, un intermediario, un punto de unión y un portal entre lo vibracional y su expresión en lo emocional, lo mental y lo físico.

El corazón y el cuerpo emocional, por lo tanto, no son lo mismo.

El corazón tiene la capacidad de interactuar interiormente con lo vibracional y, simultáneamente, hacia afuera con lo emocional, lo mental y lo físico, y a través de ellos.

Cada vez que experimentamos el darnos cuenta de algo a través de la comprensión, de la revelación mística y la inspiración creativa, estamos viendo la capacidad perceptiva del corazón de absorber emanaciones del interior de lo vibracional y luego comunicarlas a nuestro mundo humano a través de lo emocional, lo mental y lo físico. Por lo tanto, nuestro corazón gestiona nuestra capacidad de extraer cosas de nuestro interior y expresar externamente lo que hemos obtenido.

Mientras nuestro cuerpo emocional continúe sin estar integrado, nuestra conciencia del corazón como punto de unión o portal que conduce a lo vibracional seguirá estando a oscuras.

Que seamos emocionales no implica, por lo tanto, que estemos funcionando desde el corazón, ni que seamos conscientes siquiera de nuestro corazón. Implica que estamos siendo impulsados inconscientemente por el estado no integrado de nuestro contenido emocional actual: por nuestro miedo, nuestra ira y nuestra tristeza.

Esta comprensión nos permite diferenciar entre un *sentimiento* y una *emoción*.

Sentir es la capacidad perceptiva de nuestro corazón. Las *emociones* son una expresión energética de lo vibracional en la creación (expresiones de diversos estados de energía en movimiento, o en no movimiento) que nuestro corazón es capaz de percibir a través de su capacidad de sentir.

De la misma manera que el corazón puede sentir diversos estados energéticos en el cuerpo emocional, también es capaz de sentir la cualidad de nuestros pensamientos dentro del cuerpo mental y la variedad de sensaciones que hay en nuestras circunstancias físicas. Lo importante es que el que siente es el corazón.

El siguiente libro de esta serie explora nuestro viaje hacia el pleno despertar de las capacidades de nuestro corazón (nuestra percepción sentida), a través de la experiencia de la intimidad. La intimidad invita *al objetivo de darnos cuenta de que el amor está más allá de todas las definiciones y estados programados*.

A través de la intimidad despertamos plenamente a la capacidad del corazón, permitiéndonos percibir lo que es el amor. El despertar de esta capacidad completa nuestro viaje de sanación para que podamos aceptar conscientemente nuestra herencia como cocreadores en el terreno eterno de la consciencia.

Una vez que hemos despertado, a través de la percepción sentida, nuestra capacidad de contener la inmensidad de lo que es el amor, se nos dota, simultáneamente, de la vulnerabilidad que invita a un encuentro directo con lo que Dios es para nosotros.

Esta maravillosa exploración, entrando en la intimidad y pasando por ella como una manera de sumergirnos con el corazón en lo vibracional, es una conversación que espero poder compartir con vosotros en el futuro.

Saludos afectuosos,

MICHAEL

Índice